O Pão Vivo

Dados Internacionais de Catalogação na Publicação (CIP)
(Câmara Brasileira do Livro, SP, Brasil)

Merton, Thomas, 1915-1968
O pão vivo / Thomas Merton ; com introdução de Alceu Amoroso Lima, tradução das Monjas do Mosteiro da Virgem, Petrópolis. – Petrópolis, RJ : Vozes, 2023. – (Série Clássicos da Espiritualidade)

Título original: The Living Brear
ISBN 978-65-5713-849-6

1. Adoração 2. Devoção a Deus 3. Eucaristia – Igreja Católica 4. Igreja Católica – Liturgia 5. Literatura devocional 6. Sacramentos – Igreja Católica I. Lima, Alceu Amoroso. II. Série.

23-143421 CDD-242

Índices para catálogo sistemático:
1. Literatura devocional : Cristianismo 242

Aline Graziele Benitez – Bibliotecária – CRB-1/3129

Thomas Merton

O Pão Vivo

Com introdução de Alceu Amoroso Lima
Tradução das Monjas do Mosteiro da Virgem, Petrópolis

Petrópolis

Copyright © 1956 by the Abbey of Our Lady of Gethsemani.
Copyright renewed © 1984 by the Trustees of Merton Legacy Trust.

Tradução realizada a partir do original em inglês intitulado
The Living Bread

Direitos de publicação em língua portuguesa – Brasil:
1963, 2023, Editora Vozes Ltda.
Rua Frei Luís, 100
25689-900 Petrópolis, RJ
Brasil

Todos os direitos reservados. Nenhuma parte desta obra poderá ser reproduzida ou transmitida por qualquer forma e/ou quaisquer meios (eletrônico ou mecânico, incluindo fotocópia e gravação) ou arquivada em qualquer sistema ou banco de dados sem permissão escrita da editora.

CONSELHO EDITORIAL

Diretor
Volney Berkenbrock

Editores
Aline dos Santos Carneiro
Edrian Josué Pasini
Welder Lancieri Marchini
Marilac Loraine Oleniki

Conselheiros
Elói Dionísio Piva
Francisco Morás
Gilberto Gonçalves Garcia
Ludovico Garmus
Teobaldo Heidemann

Secretário executivo
Leonardo A.R.T. dos Santos

Revisão matricial: Andrea Drummond
Diagramação: Monique Rodrigues
Revisão gráfica: Alessandra Karl
Capa: Editora Vozes
Ilustração de capa: Lúcio Américo de Oliveira

Nota do editor:

A reedição desta obra é resultado de um projeto da Editora Vozes juntamente com a Associação Thomas Merton – Brasil, para manter disponível ao público de língua portuguesa o legado espiritual de Thomas Merton.

ISBN 978-65-5713-849-6 (Brasil)
ISBN 978-11-2182-812-4 (Estados Unidos)

Este livro foi composto e impresso pela Editora Vozes Ltda.

Eu sou o pão vivo que desci do céu.
Se alguém comer deste pão, viverá eternamente.

Jo 6,51-52

Sumário

Prefácio, 9

Introdução, 13

Nota introdutória, 17

Prólogo, 21

I. Até o fim, 41

1. O amor de Cristo por nós, 41

2. Nossa resposta, 48

II. Fazei isto em memória de mim, 55

1. O sacrifício cristão, 55

2. Adoração, 62

3. Reparação, 66

4. Ágape, 76

III. Eis que estou convosco, 85

1. A presença real, 85

2. Contemplação sacramental, 89

3. A alma de Cristo na Eucaristia, 94

IV. Eu sou o caminho, 113

1. Nossa viagem para Deus, 113

2. O pão de Deus, 119

3. A comunhão e seus efeitos, 129

V. O *Sacrum Convivium*, 143

1. Vinde ao banquete nupcial!, 143

2. A Eucaristia e a Igreja, 149

3. "Chamei-vos meus amigos", 155

4. O mandamento novo, 160

5. Rumo à parusia, 164

Prefácio

Que mais pode ser dito no início de uma obra que já possui a Introdução de um dos maiores intelectuais do Brasil (Alceu Amoroso Lima); Notas introdutórias de um cardeal (Patriarca Gregório Pedro XV); e o Prólogo do próprio Thomas Merton contextualizando as motivações para a escrita do livro?

Desnecessário acrescentar palavras ao que já se encontra acabado, razão pela qual é preferível tratar das "sequelas" que permanecem em quem se achega a estas páginas. Não é sobre o que se acha – é sobre o que se sabe: Thomas Merton tem realmente algo a dizer a cada um, porque, como monge e sacerdote, fala a partir de uma profunda proximidade e íntima experiência com Jesus eucarístico. É alguém que fechou os olhos para ver melhor, alguém que se isolou do mundo para melhor interagir com ele e compreendê-lo. E a realidade vislumbrada foi primorosamente descrita nos capítulos que seguem – tudo em conformidade com o que ensina a Santa Igreja – numa linguagem clara e atraente que aumenta o desejo de nunca se afastar de "Tão Sublime Sacramento".

Todavia, o reconhecimento de estar habitado não deixa o autor meramente no nível da piedade estática; longe disso: faz abrir seus olhos e o impulsiona para amar seus irmãos com o próprio amor de Cristo, que é a fonte viva de todo esse Mistério.

O Pão Vivo (*The Living Bread*) é escrito em 1956 por um Merton já mundialmente conhecido pela publicação de *A montanha dos sete patamares* (1948), *O signo de Jonas* (1953) e *Homem algum é uma ilha* (1955). Concilia a escrita com os primeiros meses como mestre de noviços de seu mosteiro. Foi no ano da publicação da obra que ele registrou no diário um dos seus pensamentos mais célebres: *"Talvez o Livro da Vida, no final, seja o livro que cada um viveu."*

Pode-se depreender que Merton, com *O Pão Vivo*, tenha tratado do tema mais primordial dentre tudo aquilo que escreveu, haja vista ele próprio dizer nas primeiras páginas:

> A Sagrada Eucaristia é, portanto, não apenas objeto de estudo e especulação. É nossa própria vida. E, em realidade, porque a Eucaristia é nossa vida, se permanecesse apenas objeto de estudo, jamais haveríamos de lhe penetrar o inefável mistério. Pois o mistério da vida só pode ser conhecido quando é vivido. O Mistério da Eucaristia, fonte da nossa vida toda, – em Deus, de toda a nossa caridade –, só pode ser aprofundado quando vivido e amado. Cristo no Santíssimo Sacramento começa a se revelar àqueles que o adoram com fé humilde e que o recebem em corações puros com caridade verdadeira e sincera. Revela-se ainda mais àqueles que tudo abandonam por amor dele. Contudo, só se revela plenamente aos que penetram no âmago do mistério de sua Paixão, Morte e Ressurreição, amando seus irmãos com o próprio amor de Cristo que é a fonte viva de todo esse mistério.

Inclinar-se sob o peso do amor de Cristo! Eis a reverência que o Mistério da Eucaristia deve produzir no cristão, levando-o, para além da adoração, a estar a serviço do próximo. Entretanto, não de uma maneira romântica e distante, e sim concreta: acolher, alimentar, consolar, escutar, instruir, visitar... Estar próximo de quem padece é tocar no corpo de Cristo; é deixar a indiferença e gastar o tempo útil a serviço de quem necessita, o que redundaria em maior proveito do que horas diante do sacrário.

Comungar com Jesus é ter os mesmos sentimentos de alguém que viveu e morreu "entregue" totalmente aos outros. Se não há tempo ruim nem lugar para amar e servir o próximo, é mister que nos tornemos adoradores perpétuos de Seu Corpo. E é aqui que se inicia uma dinâmica de vida que se retroalimenta: celebrando distintamente e com frequência a Eucaristia, seremos moldados a viver em atitude de serviço fraterno em vista do encontro final com o Senhor. Afinal, é na solene memória do Mistério Pascal que a vida ganha seu sentido:

> A missa é um memorial do sacrifício de Cristo, não no sentido de uma comemoração externa, e sim de uma representação viva e de suprema eficácia daquele sacrifício que derrama em nossos corações o poder redentor da Cruz e a graça da ressurreição, que nos torna capazes de viver em Deus[1].

É por intermédio deste sinal sagrado que, conforme exortação de São Paulo, "vivemos, nos movemos e somos" (At 17,28) em Cristo Jesus. Pode haver sacramento mais manifesto da condescendência de Deus do que essa maneira fácil e sempre ao alcance da mão estendida?

O presente estudo sobre a Eucaristia, cuja 1ª edição no Brasil é de 1960, ganha uma merecida e necessária

---

1. MERTON, T. *Direção espiritual e meditação*. Petrópolis: Vozes, 2022, p. 66.

reedição, motivo de grande júbilo, graças ao compromisso da Editora Vozes de oferecer ao seu público o que há de excelência no campo da teologia e da literatura religiosa, produzido pelos melhores autores espirituais, dentre os quais Thomas Merton – que ocupa destaque em seu catálogo.

Por fim, vale ressaltar a parceria nesta edição da Associação Thomas Merton, entidade formalmente constituída para promover o estudo e a difusão dos escritos de Merton no Brasil. Ele é um mestre espiritual moderno e um escritor genial que nos toma pela mão para dá--la a Cristo Eucarístico, porque somente nele é que encontramos o nosso verdadeiro eu. Já o nosso falso eu "é destruído pelo fervor da caridade produzida pela íntima presença de Jesus em nossa alma".

Desejo a você uma ótima leitura!

Janeiro de 2023.

Cristóvão de Sousa Meneses Júnior
Presidente da Associação Thomas Merton

Introdução

Longe vai o tempo em que um vigário do Rio denunciava à Roma o famoso redentorista Júlio Maria, por ter este, em um dos seus retumbantes sermões do início do século XX, chamado a Sagrada Eucaristia de *Sacramento do Amor!*

Ora, nenhum qualificativo mais apropriado do que esse ao sacramento da unidade, que engloba em si todos os demais e constitui a mais concreta expressão do maior dom que Jesus Cristo fez à humanidade: a *sua presença* na terra, até a consumação dos séculos.

Essa presença se operou de tríplice maneira: a *presença histórica,* como filho do carpinteiro José e de sua esposa Maria, no humílimo burgo de Nazaré, perdido nos confins do Império Romano; a *presença mística,* pelo mistério da Igreja, na qual Cristo se entregava a toda a humanidade, vivendo no meio dela *como instituição,* nesse Corpo Místico, que abrange em si todos os fiéis que pela regeneração da água ingressam na comunidade do tronco de que Cristo é a Cabeça e todos aqueles membros invisíveis, que, por um desejo expresso ou mesmo inconsciente, são por extensão incluídos nessa Presença sobrenatural do Senhor, ao longo dos séculos. Finalmente, Cristo nos legou a mais perfeita das suas formas de Presença: a *presença eucarística,* pela qual Ele vem, não mais à humanidade e à história, mas a cada homem em particular, a cada um de nós, e se faz pão e vinho para se tornar corpo e alma de cada um de nós em particular, na mais profunda intimidade de nosso ser!

Sobre esse pão vivo, que nos dá a mais perfeita forma de alimento espiritual para nossas almas, é que o maior dos norte-americanos vivos – e por que não incluir também os mortos? – escreveu este admirável ensaio, que agora se vai tornar mais acessível ao público brasileiro graças aos franciscanos e às freirinhas da Companhia da Virgem de Petrópolis!

Thomas Merton nos diz que – "todo o problema do nosso tempo é um problema de amor: como recobraremos a capacidade de amarmos a nós mesmos e nos amarmos uns aos outros?" (p. XII).

A sua resposta está expressa, de modo completo e inexcedível, nas cinco partes deste volume: I até o fim; II, fazei isso em memória de mim; III, considerai que estarei convosco; IV, Eu sou o caminho; V, ó sacro convívio.

Tudo isso se resume numa só palavra – Amor, a mesma que levou o Pai a criar o mundo, a nele colocar uma criatura à sua imagem e semelhança e a restaurar a aliança desfeita, não só pela vinda do Filho, mas ainda e, principalmente, pela *permanência* deste entre os homens, até à terceira e final Aliança na plenitude dos tempos.

Tudo isso e mais do que isso é o que nos dá o grande místico norte-americano nas páginas deste pequeno tratado, que é uma súmula admirável da mais pura doutrina eucarística.

"Vida em Cristo! O Cristo vivendo em nós! Incorporação ao Cristo! Unidade no Cristo! Estas expressões nos dizem algo sobre o significado do maior de todos os sacramentos, o sacramento sagrado, o sacramento da caridade, o sacramento da paz".

Essa presença eucarística do Pai e do Filho e do Espírito *em cada* um de nós, longe de representar uma forma transcendental do egocentrismo, o que seria a pior modalidade de egoísmo, é pelo contrário a plena expansão de nossa personalidade, no sentido do *contemplata aliis tradere* de Santo Tomás. A presença eucarística *em nós* é a condição e o apelo para a levarmos aos outros e ao mundo em geral. Ou, como diz Thomas Merton:

> Nossa vida em Cristo, portanto, exige um completo apostolado eucarístico, uma ação de longas vistas e enérgica, baseada na oração e na união íntima com Deus, capaz de transcender os limites da classe, da nacionalidade, da cultura, e continuar a construir um mundo novo, sobre as ruínas daquele que está sempre caindo em decomposição.

Não é apenas o *nosso* mundo moderno, a nossa civilização burguesa que está se decompondo. O mundo está *sempre* em decomposição, como diz magnificamente o autor do *The Living Bread*, e o meio de *sempre o recompormos* é vivermos unidos a Cristo, e fazendo do Seu Sangue e do Seu Corpo, o alimento perene de nossas almas.

É isso o que a Igreja nos ensina e o que mais uma vez haurimos dessa fonte inesgotável de verdade doutrinal e de beleza expressiva, que é esse jovem trapista anglo-saxônico que a Providência suscitou para dizer ao século XX as verdades por ele, e por todos nós, tantas vezes esquecidas!

Novembro de 1959.

Alceu Amoroso Lima

Nota introdutória

Nem o assunto deste livro nem o autor necessitam de introdução: introduzem-se por si mesmos. Na realidade, o assunto é atraente, considerando-se a sua inesgotável fecundidade. Quanto ao autor, é muito conhecido, tanto pelas circunstâncias de sua vida como por seus anteriores escritos, que têm sido altamente apreciados.

O livro diz respeito à Eucaristia como sacrifício e como sacramento; perpetuação da Presença Real de Jesus através do tempo e do espaço; centro da vida e do culto do cristão; o símbolo e a causa da unidade do Corpo Místico de Cristo. A Teologia e a piedade cristãs jamais se cansarão de adorar este divino mistério e de penetrar-lhe, profundamente, o sentido; mistério de fé *par excellence,* culminância do extravasamento do amor de Cristo por seus discípulos. Não é em vão que a Igreja canta as palavras do grande teólogo da Eucaristia, Santo Tomás de Aquino:

> *Quantum potes*
> *Tantum aude,*
> *Quia maior omni lande*
> *Nec laudare sufficis.*

Em *O Pão Vivo,* o autor, com alusões e aplicações acertadas à vida moderna, expõe a doutrina católica, apoiando-se sobre o sólido fundamento da Sagrada Escritura, dos Santos Padres, dos concílios, dos documentos pontifícios e as opiniões dos teólogos. Isso, não tanto em estilo escolástico ou apologético, mas em forma de fruto amadurecido em longas horas de contemplação, oração fervorosa e adoração do Santíssimo Sacramento.

Acolhemos de bom grado, portanto, essa nova contribuição à literatura eucarística que, desejamos, será largamente difundida para a glória de Cristo sacramentado e o bem das almas.

Quereríamos chamar a atenção sobre o fato de ter sido este livro escrito a pedido e por sugestão dos chefes de um movimento recentemente iniciado e conhecido sob o nome de *Adoratio Quotidiana et Perpetua Sanctissimi Eucharistiae Ascramenti inter Sacerdotes Cleri Saecularis* (Adoração Diária e Perpétua do Santíssimo Sacramento da Eucaristia entre os Sacerdotes do Clero Secular). Está erigido canonicamente e a sede principal acha-se em Roma.

Deve-se, também, saber que os monges da Abadia de Getsêmani estão oferecendo hora e meia de adoração eucarística diariamente, para a difusão do mencionado movimento e do seu verdadeiro espírito. Isso para que os Padres Seculares possam, mesmo em meio à multiplicidade das preocupações da vida apostólica, ter a graça de uma hora "diária" de adoração eucarística.

Ao Padre Merton, portanto, e ao seu grande mosteiro que tivemos o prazer de visitar em 1954, os nossos mais vivos louvores e nossas gratas congratulações.

Por isso o livro estará nas mãos de não poucos sacerdotes, particularmente nos Estados Unidos, onde temos tantos caríssimos companheiros e estudantes dos dias de nossas preparações teológicas e do nosso magistério na Cidade Eterna; estes o receberão quase como um eco e uma continuação dos dias felizes que passamos juntos no estudo e no amor da Eucaristia. Seja-me permitido exortar a todos para que distribuam suas tarefas de maneira que a hora cotidiana de adoração eucarística se torne uma prática que eles aguardem com impaciência, algo necessário ao programa de nosso dia sacerdotal.

Imensos serão os benefícios para o incremento de nossa vida interior, como imensos serão, igualmente, os frutos do nosso apostolado.

De maior peso, contudo, do que minhas humildes palavras, será a autorizada exortação do Vigário de Cristo Pio XII, que – na memorável alocução que fez por ocasião da canonização do seu santo predecessor Pio X, o Papa da Eucaristia, tendo em mente como as exigências do mundo moderno ocupam excessivamente os sacerdotes em atividades externas –, relembrou-lhes sua vocação eucarística, com as seguintes palavras: "O vosso trabalho não poderá ser considerado sacerdotal se, mesmo por motivo de zelo pela salvação das almas, colocardes a vossa vocação eucarística em segundo plano. É na Eucaristia que a alma deve mergulhar suas raízes para haurir o alimento sobrenatural da vida interior, sem a qual toda atividade, até a mais preciosa, se vê como que reduzida a simples ações mecânicas, e não pode ter a eficácia de uma operação vital".

No estudo e na adoração da Eucaristia, para os quais o Padre Merton, por sua parte, contribuiu com este livro, façamos nosso o anelo da Igreja:

Iesu quem velatum nane aspicio,
Oro fiat illud quod tam sitio,
Ut te revelata cernens facie,
Visu sim beatus tuae gloriae.

Beirut,
dezembro de 1955.

Gregório Pedro XV, Cardeal Agagianian,
Patriarca da Cilícia e da Armênia

Prólogo

O cristianismo é mais do que uma doutrina. É o próprio Cristo vivendo naqueles que uniu a si em um só Corpo Místico. É o mistério pelo qual a Encarnação do Verbo de Deus continua e se estende através dos séculos, penetrando nas almas e na vida de todos os homens, até a consumação final do plano de Deus. O cristianismo é a "restauração de todas as coisas em Cristo" (Ef 1,10).

Ora, Cristo vive e age nos homens pela fé e pelos sacramentos da fé. O maior de todos os sacramentos, a coroa de toda a vida cristã na terra, é o sacramento da caridade, a Sagrada Eucaristia, na qual Cristo não nos dá somente a graça, mas se dá a si mesmo. Isto porque, nesse Santíssimo Sacramento, Jesus Cristo está verdadeira e substancialmente presente e permanece presente enquanto as espécies consagradas do pão e do vinho continuam a existir. A Sagrada Eucaristia é, portanto, o próprio coração do cristianismo, uma vez que contém o próprio Cristo e já que é o meio principal pelo qual Cristo une os fiéis misticamente a si em um só Corpo.

Além do mais, uma vez que a Paixão de Cristo é o centro da história da humanidade, e já que o sacrifício eucarístico torna presente sobre o altar o sacrifício do calvário, em que o homem encontra redenção, a Eucaristia reatua o mais importante acontecimento da história da humanidade. Comunica aos homens todos os frutos da redenção. Há, contudo, algo mais. A Sagrada Eucaristia não só perpetua a encarnação do Filho de Deus e o mantém presente entre nós, mesmo corporalmente, não só torna presente a morte em que se sacrifica, por amor de nós, sobre a Cruz, mas vai até ao encontro do futuro e representa a consumação de toda a história do homem. A Eucaristia é um sinal profético do Juízo Final, da ressurreição geral e de nossa entrada na glória[2].

O Santíssimo Sacramento é, pois, o memorial e o resumo de todas as maravilhosas obras de Deus, o mistério que contém em si todos os outros mistérios. É o mistério central do cristianismo. "É por meio deste sacramento que a Igreja continua a existir, que a fé se vê fortalecida, que a religião cristã e o culto divino florescem. É em razão deste sacramento que Cristo diz: "E ficai certos de que estou convosco todos os dias até o fim do mundo" (Mt 28,20)[3].

Cristo, neste admirável mistério, permanece entre nós como "alguém que não conhecemos". Vem "ao que é seu" e, por vezes, é duro dizê-lo, até "os seus não o recebem". Se, contudo, estudarmos o que nossa fé nos ensinou sobre a Sagrada Eucaristia, haveremos de apreciar cada vez mais a verdade de que esse é, de fato, o Pão Vivo e o "Pão de Deus que desceu do céu e dá vida ao mundo" (Jo 6,33).

---

2. Lemos na Liturgia Ambrosiana: Haec quotiescumque feceritis in mei commemorationem facietis, mortem meam praedicabitis, resurrectionem meam annuntiabitis, adventum meum sperabitis, donec iterum de caelis veniam ad vos.

3. SÃO BOAVENTURA. *De praeparatione ad Missam*, 1,3.

O cristianismo é religião de vida, não de morte. É a religião do Deus Vivo, transcendente, que se acha tão elevado acima de todos os conceitos que dele fazemos, que só o podemos compreender remota e indiretamente por analogia e que, entretanto, está tão perto de nós que o íntimo conhecimento que dele temos está em estreita relação com o secreto conhecimento que possuímos do nosso ser mais profundo.

O Deus Vivo, transcendente e imanente, o Alfa e o Ômega, o princípio e o fim, Aquele que está em toda parte e em nenhum lugar faz-se visível e tangível, dá-se a nós para ser nosso alimento espiritual na Sagrada Eucaristia.

A Sagrada Eucaristia é, portanto, não apenas objeto de estudo e especulação. É nossa própria vida. E, em realidade, porque a Eucaristia é nossa vida, se permanecesse apenas objeto de estudo, jamais haveríamos de penetrar-lhe o inefável mistério. Pois o mistério da vida só pode ser conhecido quando é vivido. O Mistério da Eucaristia, fonte da nossa vida toda – em Deus, de toda a nossa caridade –, só pode ser aprofundado quando vivido e amado. Cristo no Santíssimo Sacramento começa a se revelar, na Sagrada Eucaristia, àqueles que o adoram com fé humilde e que o recebem em corações puros com caridade verdadeira e sincera. Revela-se ainda mais àqueles que tudo abandonam por amor dele. Contudo, só se revela plenamente aos que penetram no âmago do mistério de sua Paixão, Morte e Ressurreição, amando seus irmãos com o próprio amor de Cristo que é a fonte viva de todo esse mistério. Para podermos compreender algo do sentido da Sagrada Eucaristia, havemos de ver Deus e adorá-lo neste sacramento. Havemos de ver neste a Paixão de Cristo. Acima de tudo, porém, temos de *viver* o

Mistério da Eucaristia oferecendo-nos com Jesus ao Pai, e amando aos outros como Jesus os amou.

Todo o problema de nossa época é o problema do amor: de que maneira vamos recuperar a capacidade de nos amarmos a nós mesmos, e de nos amarmos uns aos outros? A razão por que nos odiamos e nos tememos mutuamente é que, secreta ou abertamente, nos odiamos e tememos a nós próprios. Odiamo-nos porque as profundezas de nosso ser são um caos de frustração e miséria espiritual. Solitários e desamparados, não podemos estar em paz com os outros porque não temos paz conosco, e não podemos ter paz conosco porque não estamos em paz com Deus.

O materialismo moderno alcançou o ponto onde todas as técnicas que possui tendem a convergir, sistematicamente ou não, para a desintegração do homem em si mesmo e na sociedade. Os estados totalitários manejam, implacavelmente, seres humanos, degradando e destruindo a seu bel-prazer, sacrificando corpos e mentes sobre o altar do oportunismo político. De fato, poder-se-ia quase dizer que as ditaduras modernas têm ostentado, por toda parte, um ódio deliberadamente calculado contra a natureza humana como tal. As técnicas de degradação em uso nos campos de concentração e nos julgamentos espetaculares são-nos por demais familiares para serem aqui pormenorizadas. Todas têm um único propósito: corromper a pessoa humana, a ponto de torná-la irreconhecível, de modo a fabricar provas para uma mentira.

A caridade e a confiança que nos unem aos outros homens, por isso mesmo, fazem com que cresçamos e nos desenvolvamos no mais íntimo de nós mesmos. É pelo contato bem ordenado, pelas relações com os outros, que nos tornamos nós mesmos pessoas maduras e responsáveis. As técnicas de degradação fomentam sistematicamente desconfiança, ressentimento, separação e ódio. Mantêm os homens espiritualmente isolados uns dos outros, enquanto os comprimem fisicamente num aglomerado em nível superficial no plano das reuniões em massa. Tendem a corroer todas as relações pessoais do homem por meio do medo e da suspeita, de modo que o vizinho ou o companheiro de trabalho é, não um amigo e um apoio, mas sempre um rival, uma ameaça, um perseguidor, um possível espião que, se não tivermos cuidado, nos fará prender.

Mesmo onde o totalitarismo ainda não suprimiu completamente a liberdade, estão os homens, todavia, sujeitos à corrupção do materialismo. O mundo sempre foi egoísta; o mundo moderno, porém, perdeu toda capacidade de controlar o seu egoísmo. Entretanto, havendo adquirido o poder de satisfazer às necessidades materiais e aos desejos de conseguir prazeres e conforto, descobriu que essas satisfações não bastam. Não são portadoras de paz nem de felicidade. Não trazem segurança nem ao indivíduo nem à sociedade. Vivemos no momento preciso em que o otimismo exorbitante do mundo materializado mergulhou na ruína espiritual. Encontramo-nos vivendo numa sociedade de homens que descobriram a sua insignificância onde menos a esperavam – no meio do poder e das realizações tecnológicas. O resultado disso é uma ambivalência angustiante na qual cada homem se vê forçado a lançar sobre os seus vizinhos um fardo de auto-ódio que é demasiadamente grande para ser tolerado em sua própria alma.

Sujeito constantemente aos inexoráveis processos de corrosão espiritual que gradativamente destroem nossas mentes e nossas vontades, sabemos, nas íntimas profundezas de nosso ser, que nossa vida deve recobrar uma certa medida de unidade, estabilidade e sentido. Sentimos, instintivamente, que essas coisas só nos podem vir da nossa união com Deus e da nossa união com os outros. Mas, sob o perseverante bombardeio de uma propaganda sem sentido, constantemente dirigida contra nós, abrimos mão de nosso privilégio de pensar, esperar e tomar nossas próprias decisões. Passivos e desesperados, consentimos em nos afundar na massa inerte de objetos humanos que só existem para serem manejados pelos ditadores ou pelos grandes e anônimos poderes que regem o mundo dos negócios. Jamais encontraremos Deus se não formos, nós mesmos, pessoas maduras. Para encontrar Deus é preciso, antes do mais, ser livre.

Quando Cristo Ressuscitado fundou a sua Igreja e ordenou aos apóstolos pregar a todas as nações, oferecia à humanidade a única esperança de paz verdadeira. A Igreja é a continuação da vida encarnada de Cristo na terra e Cristo é, Ele mesmo, a nossa paz (Ef 2,14). A Igreja é, igualmente, a única instituição no mundo capaz de proteger a verdadeira liberdade. Possui a Verdade, única coisa a nos tornar livres (Jo 8,32), pois é ela o Corpo Vivo de Cristo, e Cristo disse "Eu sou a Verdade" (Jo 14,16). Todos os que abraçam a fé e entram na vida sacramental da Igreja tornam-se livres daquela "liberdade com que Cristo nos fez livres" (Gl 4,31) e, na realidade, nenhum cristão pode, em consciência, permitir-se renunciar à liberdade espiritual que é sua mais preciosa herança. Não pode permitir-se, nem a seus irmãos em Cristo, perder o gosto pela vida e pela alegria na posse da verdade. Nenhum cristão pode abandonar-se passivamente às forças brutais que estão destruindo a unidade e o espírito da humanidade.

Se, portanto, quisermos encontrar paz, esperança, certeza e segurança espiritual, devemos procurar Cristo. Mas como? Por simples alistar-se, externamente, na Igreja, como numa organização, por mera conformidade a certos ritos, costumes e práticas? Aderindo a certas crenças religiosas formuladas em profundidade? Não. Essas coisas não bastam. A Igreja não é apenas uma organização social, é também, e principalmente, um Corpo Místico Vivo. A Igreja é Cristo. Para vencer os poderes da morte e do desespero, devemos nos unir misticamente a Cristo que venceu a morte e nos dá vida e esperança. Para dominar o mundo, havemos de estar unidos a Cristo pela fé, pois a fé é a vitória que vence o mundo (1Jo 5,4). Devemos, todos, nos unir a Ele no supremo sacrifício que fez de si mesmo, em que nos deu a paz em Deus, e uns com os outros. Devemos morrer misticamente com Ele, na Cruz, pela sua própria morte, que Ele morreu, para reconciliar a todos com Deus, em um só corpo, por meio da cruz, matando nela a inimizade (Ef 2,16). Em uma palavra, para encontrar a Cristo devemos, não somente crer e ser batizados em Nome do Pai e do Pilho e do Espírito Santo, tornando-nos assim seus membros, mas devemos ainda coroar a nossa vida sacramental em Cristo, partilhando o Pão Vivo da Eucaristia, o Pão supersubstancial que confere, aos que o recebem, vida eterna.

Vida em Cristo! Cristo vivendo em nós! Incorporação em Cristo! União em Cristo! Essas expressões nos dão a entender alguma coisa do sentido do maior de todos os sacramentos, a Sagrada Eucaristia, o sacramento da caridade, o sacramento da paz.

A Eucaristia é o Sacramento do Corpo e do Sangue de Jesus Cristo. Prometendo-nos este sacramento, Jesus o descreve em termos claros e simples, embora contenham tremendo mistério: "O pão que eu darei é minha carne para a vida do mundo" (Jo 6,52). Nós, que comemos o seu Corpo e bebemos o seu Sangue, recebemos vida nele e dele. Vivendo, entretanto, deste Pão milagroso, descobrimos, igualmente, que estamos unidos uns aos outros. Pois, como diz São Paulo: "porque há um só pão, nós, embora muitos, formamos um só corpo, nós todos que participamos dum mesmo pão" (1Cor 10,17). Comendo o Corpo sacramentado de Cristo, somos absorvidos no Corpo Místico de Cristo. Na sagrada comunhão, ao recebermos o Senhor nesse grande sacramento sacrificial, suprema expressão da caridade divina, descobrimos que a sua caridade se apodera de nossas almas e nos une uns aos outros com amor tão puro, espiritual e intenso, que transcende toda a capacidade de amor natural do homem para com seu irmão e seu amigo. A caridade de Cristo, na Eucaristia, apoderando-se das melhores disposições da alma humana, eleva-as e diviniza-as, unindo os homens uns aos outros numa caridade e numa paz que este mundo jamais será capaz de dar.

Escreve um teólogo moderno: "Cristo Redentor, que assimila a si os cristãos, é Cristo em seu maior ato de amor... Esse amor penetra nos cristãos e os transforma nele: portanto, a Eucaristia é o sacramento da caridade. Honramo-lo mais por nossa dedicação aos homens, nossos irmãos, do que por qualquer cerimonial vistoso, embora seja este, igualmente, indispensável. O amor que este sacramento gera para com Deus e o nosso próximo, assimilando-nos ao amor integral de Cristo e incorporando-nos a Ele, é, por sua vez, amor integral, amor que não se esgota com o dom total de si mesmo"[4].

A participação ativa na missa, a recepção inteligente e humilde da Sagrada Eucaristia, com um coração puro e o desejo de uma caridade perfeita – são esses os grandes remédios contra o ressentimento e a desunião semeados pelo materialismo. Aqui, no maior dos sacramentos, podemos encontrar, a medicina que há de purificar os nossos corações do contágio que, inevitavelmente, contraem num mundo que desconhece a Deus.

Contudo, a fim de melhor nos proteger, de fortalecer a nossa posição e mergulhar as nossas raízes, ainda mais profundamente, na caridade de Cristo, necessário é que procuremos oportunidades para adorar a Cristo no Santíssimo Sacramento, e dar testemunho de nossa fé, fora do momento da missa. Por isso é que visitamos as nossas igrejas, para, em silêncio e na solidão, orarmos ao Senhor. Assistimos à Bênção do Santíssimo Sacramento. Tomamos parte na Hora Santa, ou passamos algum tempo em adoração, de dia ou de noite, diante de Cristo sacramentado, entronizado no altar. Todos esses contatos nos tornam mais profundamente conscientes do grande mistério que é o próprio coração da Igreja, e abrem nossas almas à influência do Filho de Deus "porque o Filho dá vida àqueles que quer" (Jo 5,21).

O Espírito de Deus, operando na Igreja e enchendo os seus membros cada vez mais abundantemente com a luz e a força de Cristo – na proporção dos ataques

---

4. MERSCH, E. *The Theology of the Mystical Body*, p. 592.

e perseguições que eles têm a sofrer dos inimigos da verdade – inspirou aos homens a que reagissem contra os males do nosso tempo por uma renovação de todos os aspectos da vida católica de oração.

Em primeiro lugar, o Espírito Santo nos vem ensinando, principalmente através do Santo Padre [Pio XII] em suas encíclicas, que a vida cristã de oração é, e deve permanecer uma unidade orgânica da qual o Mistério da Eucaristia é o próprio centro. A graça divina que se difunde desse centro, espalhando-se por todo o corpo de nossa vida de oração, percorre as artérias que são formadas pelas diversas modalidades do culto litúrgico – sacramentos e sacramentais. Para que esse fluxo de graça seja sadio e abundante, devem as nossas mentes penetrar profundamente na oração da Igreja pela participação ativa nas ações litúrgicas, em que ela reza e adora una com Cristo, Sumo Sacerdote. Essa participação ativa implica, necessariamente, a compreensão. Ora, a compreensão é, normalmente, impossível sem a meditação. Segue-se daí que a oração pública e a oração privada do cristão de modo algum estão em oposição uma à outra, mas se completam e interpenetram mutuamente em união harmoniosa e orgânica.

A expressão plena de uma vida cristã de oração não se limita à participação na liturgia; vai além; inclui formas extralitúrgicas de oração, como o rosário e, também, a meditação e a oração mental. Tudo aquilo que contribui para abrir o espírito do homem à influência de uma fé cheia de amor e inspirar ao coração desejos sobrenaturais deve encontrar lugar em sua vida de oração. Por isso é que o amor da Igreja por seu maior tesouro, o Santíssimo Sacramento, não se limita à celebração solene e piedosa da missa, mas transborda em outras muitas expressões públicas, embora não litúrgicas, da sua devoção.

A Igreja urge, também, com seus fiéis, particularmente com seus sacerdotes, para que visitem o Santíssimo Sacramento em reserva nos tabernáculos; anima-os a que passem longos períodos do dia e da noite em adoração diante do Santíssimo exposto e entronizado sobre o altar. Em uma palavra, a vida eucarística da Igreja, que se manifesta e exprime publicamente no grande Mistério litúrgico, encontra, igualmente, expressão em outras formas de culto em torno das quais a vida de piedade do cristão se desenrola conforme as necessidades e atrativos de cada um. A combinação feliz da oração litúrgica, das devoções extralitúrgicas e da meditação contribui para a perfeita formação do cristão como membro e réplica de Cristo, contanto que as orações e devoções extralitúrgicas estejam em harmonia com o espírito da liturgia e a mente da Igreja.

Nada contribui tanto para destruir nossa estima para com o Santíssimo Sacramento como a rotina. Celebrar a missa automaticamente, aproximar-se dos sacramentos de maneira descuidada e distraída, é considerar os grandes dons e mistérios de Deus como se fossem objetos e fatos semelhantes a todas as coisas materiais que fazem parte de nossa vida. Em tais circunstâncias, nossa fé tende a degenerar em superstição e vã observância de preceitos; a tornar-se uma espécie de ceticismo prático, sob a aparência externa de piedoso conformismo. Deus, então, retira-se de nossa vida e essa ausência se torna patente a todos, menos a nós próprios. A grande tragédia do nosso tempo – se podemos ter a ousadia de dizê-lo – é que haja tantos cristãos sem Deus; isto é, cristãos cuja religião é questão de puro conformismo e conveniência. Para esses, a "fé" pouco mais é do que uma evasão permanente da realidade – uma acomodação com a vida. A fim de evitar a desagradável verdade de que não têm mais necessidade alguma, real, de Deus, nenhuma fé vital nele, conformam exteriormente sua conduta à de outros como eles. Esses "crentes" se agrupam, oferecendo-se mutuamente uma aparente justificativa para vidas que são, essencialmente, semelhantes às de seus vizinhos materialistas, cujos horizontes são puramente os do mundo com seus valores transitórios.

Para impedir o perigo dessa paralisia espiritual, o Santo Padre [Pio XII] estimula os cristãos a renovarem o fervor da fé e a cultivarem a vida interior. Devemos, para conseguir esse fim, ler, orar, meditar; devemos procurar todo possível contato com Deus que enviou Seu Filho ao mundo para libertar os homens da frieza e da vaidade das formas de religião puramente humanas.

Insistindo de modo particular sobre o valor da meditação, o Papa Pio XII escreveu:

> Acima de tudo mais, a Igreja nos exorta à prática da meditação, que eleva a mente à contemplação das coisas celestes, inflama o coração no amor de Deus e o guia no caminho reto até Ele *(Menti Nostrae)*.

A vida interior do cristão comum depende, em larga medida, da instrução, do exemplo e das orações do clero. Se os fiéis hão de participar da liturgia, o próprio sacerdote deve saber apreciá-la e compreendê-la. Ora, para que o padre possa apreciar os grandes mistérios litúrgicos, está obrigado a meditá-los, a neles mergulhar constantemente. Assim, em breve chegará a compreender que, como declara o Papa Pio XII:

> Do mesmo modo que o desejo da perfeição sacerdotal é nutrido e fortalecido pela meditação cotidiana, a omissão desta prática é a fonte do tédio pelas coisas espirituais... Necessário é, portanto, declarar sem restrição que nenhum outro meio tem a singular eficácia da meditação e que, em consequência, a prática cotidiana desta não pode, de modo algum, ser substituída *(Menti Nostrae)*.

Fortalecido pela meditação, o sacerdote torna-se capaz de se elevar, à altura de sua sublime vocação, de orientar sua vida para aquele sacrifício em que deve oferecer-se e imolar-se com Cristo. Consequentemente, não celebrará apenas a Santa Missa, mas há de vivê-la intimamente em sua vida diária" *(Menti Nostrae)*. Em suma, deve o sacerdote esforçar-se por uma vida de santidade que requer "contínua comunicação com Deus" (*Menti Nostrae*).

É, por conseguinte, inteiramente natural que em sua exortação apostólica aos sacerdotes do mundo, da qual acabamos de citar diversos trechos, Pio XII estimule os padres a passarem algum tempo, *cada dia,* em adoração diante do Santíssimo Sacramento:

> Antes de terminar seu dia de trabalho, o sacerdote se aproximará do tabernáculo, permanecendo ao menos algum tempo ali para adorar Jesus no sacramento do seu amor, para fazer reparação pela ingratidão de tantos homens; para inflamar-se, cada vez mais, no amor de Deus, e para se manter, de certo modo, mesmo durante o tempo do repouso da noite – que recorda ao nosso espírito o silêncio da morte – presente no Sacratíssimo Coração *(Menti Nostrae)*.

Em resposta a esses apelos do Sumo Pontífice, foi organizada, entre sacerdotes seculares, a Sociedade da Adoração Perpétua do Santíssimo Sacramento. Tem ela duas finalidades. Primeiro, passam os seus membros, cada dia, uma hora em adoração diante do Santíssimo Sacramento. Em segundo lugar, fazem-no particularmente conscientes de sua união em Cristo, Sumo Sacerdote. É, portanto, uma sociedade em que a adoração eucarística é feita no espírito da liturgia e da missa e, acima de tudo, nas perspectivas da união do sacerdócio cristão em Cristo.

Nasceu essa sociedade na Diocese de Aosta, nos Alpes italianos, durante a Segunda Guerra Mundial. Isolados nos vales alpinos, os sacerdotes dessa região uniram-se numa liga de oração, na qual cada membro se reservava uma hora do dia, ou da noite, de modo a que pudesse constantemente haver um deles em adoração diante do Santíssimo Sacramento, plenamente consciente da união existente entre todo o grupo em Cristo, e orando ao Senhor pelos companheiros, por todos os sacerdotes e por toda a Igreja de Deus.

Essa esplêndida instituição em breve se estendeu a todas as partes do mundo. A sede foi transferida de Aosta a Turim e de lá a Roma[5]. Foi ereta canonicamente pelo Cardeal Gilroy de Sydney, em 1950.

Calorosamente aprovada pelo Papa Pio XII, que em novembro de 1955 se tornou membro desta sociedade, tem ela recebido entre seus sócios cardeais, arcebispos e bispos do mundo inteiro e está atraindo às suas fileiras

---

5. Via Urbano VIII, nº 16. Quem desejar mais amplas informações poderá se dirigir a este endereço.

um número sempre crescente de sacerdotes do clero secular. Em 1953 foi enriquecida com indulgências.

O escopo dessa sociedade é, evidentemente, mais amplo do que o de grupos análogos já existentes com o fim de incrementar a devoção ao Santíssimo Sacramento. Não se trata aqui de conseguir que os membros da sociedade se dediquem à piedosa prática da adoração. Trata-se sobretudo de um aprofundamento da consciência que a Igreja tem do mistério do seu sacerdócio e da união de seus sacerdotes no Cristo Eucarístico. O amor de Jesus na Sagrada Eucaristia – amor que é a vida e a força de todo o movimento – desabrocha em um senso profundo de união em Cristo, que foi, na realidade, o fim visado por Deus ao nos dar esse grande sacramento.

O corolário desse senso de união mística entre os sacerdotes é o senso da obrigação moral de uma união mais estreita com os superiores e coirmãos sacerdotes, pela obediência e a cooperação paternal. Esta sociedade, por conseguinte, é, não somente eucarística, mas "papal" – duas características que descobrimos serem uma só, quando compreendemos estar ela centrada em Jesus como Sumo Sacerdote. Jesus vive e está presente no mundo através da mediação de seus sacerdotes – presente sacramentalmente no mistério eucarístico, juridicamente presente no Santo Padre e na hierarquia unida a ele. Daí se segue estar a essência dessa Obra centrada na inexprimível relação que existe entre a Eucaristia e o sacerdócio.

A ideia de uma associação de padres adoradores não é inteiramente nova. Pelo contrário, desde 1879 temos a Obra dos Padres Adoradores, cuja fundação foi inspirada pelo "Apóstolo da Eucaristia", São Pedro Julião Eymard. Este piedoso sacerdote francês do século XIX tinha a vida toda centrada num profundo amor a Jesus no Santíssimo Sacramento. Fundou duas congregações religiosas dedicadas exclusivamente à Eucaristia. Inspirou o movimento dos congressos eucarísticos, notável feição da piedade católica moderna. Sua influência sobre a moderna devoção eucarística é ímpar.

A Obra dos Padres Adoradores tem por finalidade, nas próprias palavras de S.P.J. Eymard, "tornar os sacerdotes capazes de se dedicarem mais virilmente à maior, glória do Santíssimo Sacramento. E, de acordo sempre com o Santo, foi fundada para lembrar ao padre que ele é primariamente um adorador do Santíssimo Sacramento". Daí ser o objeto principal da Obra promover uma vida interior de união mais profunda com Jesus, por meio de visitas, mais frequentes e prolongadas, ao Santíssimo Sacramento. E ainda mobilizou uma legião de zelosos apóstolos da Eucaristia, sacerdotes unidos uns aos outros em Cristo pelos mais estreitos vínculos da caridade fraterna. A Obra, em lugar de uma hora cotidiana de adoração, pede a seus membros uma hora santa semanal, devendo então se entregar de preferência à oração mental. A recitação do Breviário nessa hora de guarda não é recomendada pelos discípulos de Santo Eymard. Os membros da Obra têm, igualmente, a obrigação de celebrar anualmente uma Santa Missa pelos sócios que descansam no Senhor.

A Obra dos Padres Adoradores, que possui membros em todas as partes do mundo, estendeu-se aos Estados Unidos, em 1894, pelos esforços de Dom Beda Maler, O.S.B., da Abadia de São Meinrado, e do Bispo Maes, de Convington. Hoje, a Obra conta com perto de 32.000 membros nos Estados Unidos e no Canadá.

Mais ou menos quatro quintos do clero nos Estados Unidos a ela pertencem. Tem sido de imensa eficácia a influência desta Obra na vida dos sacerdotes que lhe são agregados. Em todo o mundo, a cada momento, dia e noite, padres há que se prostram em silêncio diante do Cristo eucarístico, profundamente conscientes da sua união com todos os outros sacerdotes no mundo inteiro. Seja qual for o lugar onde um desses padres estiver em oração, todos os seus irmãos no sacerdócio oram com ele, e a Igreja toda está em oração. O exemplo deles é dos mais animadores e tem dado numerosos frutos. Não há dúvida de que os efeitos dessa oração se fazem sentir numa medida que homem algum pode avaliar. Mas, acima de tudo, é certo que cada um desses padres se sentiria feliz em comunicar a seus irmãos no sacerdócio que, fora do momento do santo sacrifício da missa, é nas suas horas de adoração eucarística que ele tem provado a mais profunda felicidade. Pois, nesse contato, na realidade, tem ele se encontrado bem próximo do Deus Vivo, e, por própria experiência, aprendeu a verdade da promessa de Cristo. "Vinde a mim vós todos que estais exaustos e oprimidos e eu vos darei alívio" (Mt 11,28).

A Agregação do Santíssimo Sacramento, igualmente fundada por São Pedro Julião Eymard, teve início na cidade marítima de Marselha. Mais tarde, a sede mundial foi instalada em Roma, na Igreja dos Santos André e Cláudio, onde os Padres da Congregação do Santíssimo Sacramento exercem o seu ministério[6].

A principal obrigação dos membros da Agregação é passar, pelo menos, uma hora mensalmente em ado-

---

6. A Agregação do Santíssimo Sacramento destina-se a pessoas vivendo no mundo [N.T.].

ração diante do Santíssimo Sacramento, seja exposto no ostensório, seja encerrado no Tabernáculo. Pode essa adoração ser feita a qualquer hora e qualquer dia do mês, em particular ou em público, conforme for conveniente a cada membro.

Hoje, a Agregação do Santíssimo Sacramento acha-se estabelecida praticamente em todos os países do mundo. Só nos Estados Unidos, conta mais de 700 centros paroquiais. A revista oficial da Agregação, nos Estados Unidos, é *The Sentinel of the Blessed Sacrament,* publicada mensalmente. Essa associação tem por fim, não apenas encorajar a vida interior de oração de cada membro, mas também estimular uma tomada de consciência mais profunda da união de todos os fiéis na caridade. A união em Cristo é o mais importante de todos os efeitos da Sagrada Eucaristia.

Este livro foi escrito primeiramente como um sumário da doutrina da Igreja sobre a Eucaristia. Esperamos que esse resumo não seja considerado demasiadamente superficial. Algumas opiniões teológicas discutidas introduziram-se inevitavelmente na exposição do assunto. Não é intenção do autor impô-las ao leitor; se as sugere discretamente, seu único intento é projetar luz mais viva sobre o tema central do livro. Esse tema é o seguinte: existe íntima conexão entre os dois mistérios, o da Eucaristia e o da Igreja. A razão por que cultivamos uma vida de oração diante do Santíssimo Sacramento é não só para que possamos tornar-nos homens de oração ou sacerdotes mais santos, mas, sobretudo, para que nos tornemos homens repletos de caridade, portadores de paz no meio do mundo, mediadores entre Deus e os homens, instrumentos do Sacerdócio divino de Nosso Senhor Jesus Cristo. Nossa missão não é apenas oferecer Cristo ao Pai no Sacrifício Eucarístico, não somente pregar a palavra de Deus a todas as nações, mas, acima de tudo, pela pregação e pelo sacrifício, unir todos os homens em um só Corpo Místico e oferecê-los todos, em Cristo, ao Pai.

É de se presumir que o livro terá por leitores não só sacerdotes e clérigos estudantes, mas também os católicos em geral, e mesmo, talvez, muitos outros que desconheçam inteiramente a doutrina da Igreja sobre este grande mistério. A estes últimos, faríamos notar que temos aqui assuntos a respeito dos quais, por longos séculos, a Igreja nunca tentou dar explicações àqueles que não lhe pertenciam, pois tais coisas não podem ser compreendidas sem a fé. A todo homem de boa vontade que lê com um espírito aberto e humilde, Deus dará, certamente, todas as luzes de que poderá precisar. Se, porém, de antemão, o leitor fez o propósito de não aceitar a doutrina católica sobre a Eucaristia, este livro não é para ele. Em nenhum ponto da explanação da matéria nos permitimos recorrer à apologética. Este livro não é defesa de uma doutrina, mas meditação sobre um mistério sagrado.

I
Até o fim

1 O amor de Cristo por nós

Ao escrever ou falar do Santíssimo Sacramento, que é o próprio centro e foco de toda a vida cristã, há dois extremos a evitar. De um lado, não devemos rebaixar o grande mistério sacramental ao nível do puro sentimentalismo por um abuso de piedosas imaginações. Do outro, devemos evitar tratar deste mistério por abstrações tão puramente teológicas que nos esqueçamos ser ele o grande sacramento do amor de Deus por nós. A simplicidade do evangelho nos impede de cair nesses dois extremos.

Os evangelhos nos falam dos mais sublimes mistérios da fé em termos concretos e facilmente compreensíveis a qualquer espírito. Dos quatro evangelistas, nenhum deu às mais altas verdades reveladas feição mais concreta do que São João, autor do Quarto Evangelho. O discípulo que Jesus amava começa a sua narrativa da última Ceia e da Paixão com estas palavras profundamente comovedoras: "Antes da festa da Páscoa, Jesus, sabendo que chegara a hora de passar deste mundo para o Pai, tendo amado os seus, que estavam no mundo, amou-os até o fim" (Jo 13,1).

Ora, estas palavras nos mostram com evidente clareza que o Sacramento e o Sacrifício da Eucaristia, instituídos por Jesus na Última Ceia, encarnavam de modo inefável e perfeito o seu amor por nós, como sucede com sua Paixão e Ressurreição, que eles perpetuam até o fim dos tempos. Digo "encarnam" preferivelmente a exprimem, porque neste divino Sacramento o Amor de Deus continua a ser encarnado, a permanecer conosco em sua substância corporal, oculto sob as espécies do pão e do vinho.

A vida cristã outra coisa não é senão Cristo vivendo em nós pelo Espírito Santo. É o amor de Cristo partilhado conosco na caridade. É Cristo em nós, amando o Pai pelo Espírito. É Cristo unindo-nos a nossos irmãos, na caridade, pelo vínculo deste mesmo Espírito.

Jesus exprimiu muitas vezes seu desejo de partilhar conosco o mistério de sua vida divina. Disse que viera para que tivéssemos vida e a tivéssemos com maior abundância (Jo 10,10). Veio para derramar essa vida de caridade sobre a terra, como fogo, e estava ansioso por vê-la abrasar-se. Desejou especialmente sofrer o "batismo" da Paixão e morte, porque sabia que, somente assim, podia incorporar-nos a seu mistério e fazer-nos, juntamente com Ele, filhos de Deus. Não admira, pois, que Jesus tenha dito estar constrangido; isto é, sentia-se atado e oprimido, como um prisioneiro acorrentado, até que esse batismo se cumprisse. A sua caridade infinita, confinada em seu Sagrado Coração, desejava ardentemente romper as barreiras que a retinham, para se comunicar a toda a humanidade, pois, como Deus, Ele é a bondade substancial, e é da própria natureza do bem ser difundido.

Por isso é que a Igreja, na liturgia, continua a aplicar a Cristo no Santíssimo Sacramento as palavras que Jesus dirigiu aos homens sofredores do seu tempo: "Vinde a mim vós todos que estais exaustos e oprimidos e eu vos darei alívio" (Mt 11,28)[7]. Na Eucaristia, o mesmo Cristo da Última Ceia parte ainda o pão com os seus discípulos, lava-lhes ainda os pés, para mostrar-lhes que, se não se humilhar e não os servir, será impossível terem parte com Ele (Jo 13,8). Na Eucaristia, Jesus benze ainda o sagrado cálice e o passa àqueles que ama. Há, entretanto, uma diferença apenas. Na Última Ceia, Cristo não sofrera, nem morrera, nem ressuscitara. Agora, porém, em nossa missa cotidiana, o Cristo que chega silencioso e invisivelmente, para se tornar presente no meio de seus discípulos, é o Cristo que está assentado na glória, à destra de Deus Pai, no céu. É Cristo, o Rei imortal e Vencedor. É Cristo que, havendo morrido uma vez por nós, "já não morre" (Rm 6,9). Ao mesmo tempo, vem a nós em toda simplicidade, pobreza e obscuridade, que aprendemos, no evangelho, a associar à sua encarnação.

Ressuscitando dentre os mortos, Jesus nada perdeu da sua humanidade. Ascendendo à glória, ao inacessível mistério da divindade, que é seu trono, não cessou de nos amar com a mesma ternura humana, a mesma plenitude que São João descreve com três simples palavras: "até o fim". A Sagrada Eucaristia nos torna patentes as profundezas de sentido contidas nessas três palavras.

Declarando que Jesus amava os seus "até o fim", o evangelista não nos diz com isso, apenas, que o nosso Salvador nos amou até o último limite de sua vida terre-

---

7. Invitatório da Festa de Corpus Christi no Breviário Monástico.

na, que nos amou a ponto de por nós morrer. Jesus disse: "Ninguém pode dar maior prova de amor do que entregar a vida por seus amigos" (Jo 15,13). Entretanto, Jesus fez mais do que entregar a sua vida por nós. Amou-nos com um amor que não pode ser encerrado dentro dos limites ordinários da vida humana. Ao dar-nos a Eucaristia como um "memorial" da sua Paixão, morte e ressurreição, Nosso Senhor tornou presente para todo sempre o amor com que morreu por nós. Mais do que isso. Tornou a própria Paixão presente no mistério. E Ele mesmo, que na sua presciência divina nos viu quando rompeu o pão no Cenáculo e quando carregou a sua Cruz, quer estar substancialmente presente na Eucaristia para nos conhecer e nos amar, partilhar conosco sua presença e seu amor, sacramentalmente, até o fim dos tempos.

Ora, esse desejo de Cristo foi muito mais do que uma expressão da mais pura ternura humana. Não é apenas por um gesto de afetuoso carinho que Ele permanece conosco na Eucaristia. Objetivamente, Jesus consumou sua obra divina ao exalar o espírito na cruz. Mas como Ele mesmo o disse, pelos lábios do salmista (Sl 15,10), não haveria valor algum em seu sangue se Ele descesse à corrupção. Consagrou-se como oferenda sacrificial para que fôssemos santificados na verdade (cf. Jo 17,19). Se Cristo vem a nós no Santíssimo Sacramento, vem com uma obra a cumprir, não em si próprio mas em nós. Que obra é essa? São João nos diz no magno capítulo eucarístico do Quarto Evangelho: "É esta a obra agradável a Deus: que acrediteis naquele que Ele enviou" (Jo 6,29). Se conhecemos os evangelhos, compreendemos que, aqui, a palavra "acrediteis" implica muito mais do que simples assentimento intelectual à verdade revelada. Significa a aceitação incondicional, não apenas da mensagem evangélica, mas da própria pessoa de Cristo. Significa realizar as obras de Cristo, pois "aquele que crê em mim fará também as obras que eu faço" (Jo 14,12). Significa amar a Cristo, e, em virtude desse amor, receber o Espírito de Cristo em nossos corações. Significa observar seus mandamentos, especialmente amando-nos uns aos outros (Jo 14,21). Significa, ainda, ter consciência de que Cristo está no Pai, e nós em Cristo e Cristo em nós (Jo 14,20).

Em uma palavra, a obra que Cristo realiza no mundo através da ação do seu Espírito, através da Igreja e dos sacramentos, é a de nos incorporar e transformar em Si pela caridade. É essa, sobretudo, a obra da Santa Eucaristia.

Ora, na recepção dos sacramentos, é evidentemente necessário, em primeiro lugar, que creiamos em Cristo que nos santifica pelos sacramentos. Temos de ser cristãos batizados. Devemos viver de acordo com as promessas de nosso batismo e renunciar ao pecado. Havemos de nos consagrar a Deus e à sua divina caridade. Temos de viver sem egoísmo; isto é, encontrar em nosso amor a Deus e ao próximo a nossa própria realização. Contudo, para que os sacramentos possam produzir plenamente seus frutos em nós, particularmente para que a nossa vida eucarística possa ser realmente uma *vida,* e não apenas uma formalidade externa, temos de nos esforçar para desenvolver não só a nossa estima do mistério sacramental, mas também a nossa compreensão do amor de Cristo presente e agindo em nós, no sacramento.

São esses meramente dois aspectos diferentes da mesma realidade: o amor de Cristo por nós. De um lado, a maravilhosa realidade da presença sacramental – mistério da Sabedoria de Deus e do seu poder – banha e purifica nossa inteligência com límpida claridade que desperta nas profundezas da nossa vontade um amor que ultrapassa toda afeição humana. Do outro, o seu amor por nós aviva em nosso coração uma disposição espiritual que nos leva a amá-lo em retorno e é por esse amor que chegamos ao conhecimento de Deus.

O amor a Deus constitui a mais profunda realização das potências por Ele implantadas na natureza humana, destinada à união com Ele. Amando-o, não só descobrimos o sentido oculto de verdades que, de outra forma, jamais seríamos capazes de compreender, mas encontramos também, nele, o nosso verdadeiro "eu". A caridade que o Espírito de Cristo – operando nas profundezas do nosso ser – estimula em nossos corações faz com que comecemos a nos tornar as pessoas que Ele, nos imperscrutáveis desígnios da sua Providência, nos destinou a ser. Movidos pela graça de Cristo, começamos a descobrir e a conhecer a Cristo como um amigo conhece o seu amigo – pela interior simpatia e compreensão que só da amizade podem brotar.

Esse conhecimento amoroso de Deus é um dos frutos mais importantes da comunhão eucarística, união com Deus em Cristo.

São Paulo, nas suas epístolas, repetidas vezes resume todo o sentido de uma vida cristã madura. Escrevendo aos Efésios, diz-lhes ser de grande importância para eles serem "armados de força, pelo Espírito, a fim de que se fortifique em vós o homem interior; que Cristo habite pela fé nos vossos corações; e que sejais enraizados e fundados no amor. Então, podereis compreender, com todos os santos, qual a largura, o comprimento, a altura e a profundidade; conhecer a caridade de Cristo que supera todo o entendimento, para que venhais a ser repletos da plenitude de Deus" (Ef 3,16-19). Vemos aqui, em poucas palavras, algo do sentido da Santa Comunhão considerada como a culminância da vida de fé e da vida sacramental. Nutrido pela mensagem evangélica, pela vida de fraterna solidariedade em Cristo, pela oração litúrgica e privada, descobre o cristão que sua vida interior alcança o mais alto cume de intensidade sempre crescente quando, no encontro eucarístico com o Senhor, vê-se unido direta e sacramentalmente ao Verbo Encarnado. Na comunhão, vê-se não só penetrado totalmente pelo fogo místico da caridade de Cristo, mas repousa num contato imediato com a Pessoa do Verbo Encarnado. Numa união como essa, como poderá alguém, cuja caridade permanece vigilante na treva da fé, deixar de obter um mais profundo e íntimo conhecimento da alma de Jesus? Esse amor, esse conhecimento do Senhor que é, ao mesmo tempo, o mais puro e mais secreto efeito da comunhão tem, sem dúvida, grandíssima importância aos olhos de Cristo. Pois sua intenção, ao instituir o Santíssimo Sacramento, foi dar-nos esta excelsa e misteriosa participação a essa vida divina. "Em verdade, em verdade vos digo: se não comerdes a carne do Filho do homem, e não beberdes seu sangue, não tereis a vida em vós" (Jo 6,54). É, contudo, perfeitamente claro que essa vida de que fala Jesus é, em seu sentido mais elevado, a vida do espírito, não apenas a vida da carne. A comunhão é um contato com o Espírito que "dá a vida; a carne para nada serve". As próprias palavras dessa doutrina, diz Jesus, são "espírito e vida" (Jo 6,64). A mais perfeita realização, porém, dessa vida que começa com a fé é a contemplação de Deus. Nosso crescimento na vida é um crescimento no conhecimento e no amor de Deus, em Cristo Jesus. "A vida eterna é esta: que eles conheçam a vós que sois o único Deus verdadeiro, e a Jesus Cristo que enviastes" (Jo 17,3).

2 Nossa resposta

Se formos verdadeiramente cristãos, teremos o desejo de crescer e de nos desenvolver plenamente nesta vida eucarística que outra coisa não é senão a vida cristã em toda a sua plenitude. Procuraremos compreender, cada vez mais, o que significa receber a Cristo sacramentalmente e possuí-lo vivendo em nós. Haveremos de aprofundar o sentido de nossa condição de membros do Corpo Místico, unidos uns aos outros, nele, por nossas comunhões. Haveremos, também, de orar, a fim de obter compreensão sempre mais profunda do grande mistério que resume todo o plano de Deus para o mundo e toda a missão de Cristo neste mundo: a recapitulação de todas as coisas em Cristo, a obra da caridade que a todos transforma nele, de maneira a sermos todos um só nele, como Ele é um com o Pai e o Espírito Santo.

Nossas comunhões são mais verdadeira e perfeitamente aquilo que significam quando se tornam um partilhar da vida divina de contemplação e amor vivida por Cristo na Santíssima Trindade. Nossas comunhões são de maior fruto quando, além de aumentar nossa caridade em relação aos outros e aprofundar nossa fé, elas nos comunicam um conhecimento mais íntimo e mais puro do mistério de Cristo em quem somos todos, um só.

Há três meios principais de alcançar esse fim. O primeiro é a participação ativa na liturgia. O segundo, uma vida de caridade mais profunda e pura como resultado de nossa participação na missa. O terceiro, enfim, é a meditação, a adoração e a oração contemplativa diante do Santíssimo Sacramento. Dos três, os dois primeiros são absolutamente essenciais; o terceiro é de grande importância. Esses três meios são, simplesmente, aspectos de nossa comunhão eucarística. A participação mais perfeita no sacrifício da missa é obtida pela comunhão eucarística feita na própria missa a que assistimos, acompanhando de maneira inteligente e ativa as partes principais. Nossa vida de caridade é, ou deveria ser, prolongamento e expressão de nossas comunhões. Ela dá testemunho da realidade de nossa união em Cristo, significada e efetuada pelo sacramento que recebemos e que é um dos principais pontos da comunhão sacramental. Jesus, ao dar-nos seu Corpo, no Mistério, faz-nos um só Corpo nele, membros uns dos outros.

A adoração eucarística e a oração mental, em silêncio diante do tabernáculo, nos proporcionam outro meio fecundo de prolongar as nossas comunhões. Todos esses modos de desenvolver a nossa vida eucarística são necessários. Um completa o outro. Entregar-se à adoração e oração mental sem ter interesse algum pela missa seria perverter o verdadeiro espírito cristão. A caridade fraterna e as boas obras, mesmo unidas à missa e dela fluindo, poderiam ainda levar a um desvio do caminho certo, se não supusessem alguns momentos de ação de graças silenciosa depois da comunhão e de meditação e adoração diante do tabernáculo.

Na hora presente, a tendência é para acentuar a nossa participação na ação do Santo Sacrifício e no transbordamento de nossa vida eucarística na ação apostólica ou em obras de caridade. Essa insistência é excelente. Há muito que a necessidade de tal medida se fazia sentir. Na hora de crise em que nos encontramos, é de todo necessária. A tendência para acentuar a importância da adoração eucarística gozou de longa popularidade. Foi uma das feições características da devoção cristã na época que terminou com as duas guerras mundiais. Mas devemos pensar que se trata, apenas, de moda passageira, algo que, gradualmente, deixará de existir à medida que a proeminência devida ao pleno sentido da ação central da vida litúrgica da Igreja for restituída?

Em todo caso, nossa resposta ao amor de Cristo por nós na Santa Eucaristia encontra-se numa plena e bem integrada vida eucarística. Assim, a comunhão, a adoração, a caridade fraterna e a participação ativa na liturgia não poderão ser consideradas como "práticas", sem relação mútua, separadas umas das outras. Serão, pelo contrário, reunidas todas num só ponto de suprema importância, focalizando o Mistério central da nossa fé – nossa participação na morte e na ressurreição de Jesus Cristo. Quando começarmos realmente a possuir o sentido desse grande Mistério, não mais estaremos preocupados com a aparente contradição entre devoção litúrgica e não litúrgica a Cristo no Santíssimo Sacramento; uma fluirá naturalmente da outra, retendo cada qual seu lugar próprio em relação à outra. As chamadas devoções "extralitúrgicas" ao Santíssimo Sacramento serão consideradas como prolongamento proveitoso da liturgia. Nossa meditação diante do Tabernáculo nos ajudará a penetrar mais profundamente na verdade da presença real de Cristo sob os véus sacramentais – presença sem a qual o Mistério ritual da missa não se poderá realizar.

Se Cristo não está sacramentalmente presente na Eucaristia, a missa nada mais é do que uma cerimônia, piedosa comemoração de um acontecimento passado. Se Cristo não está de fato presente na hóstia consagrada, o sacerdote nada mais é do que um pregador qualquer – e não um homem separado por Deus para oferecer o Sacrifício. Na verdade, se Cristo não está, real e substancialmente, presente na Santa Eucaristia, a doutrina do Corpo Místico de Cristo – a Igreja – perde, igualmente, seu sentido e torna-se apenas uma metáfora: pois Cristo sacramentado é a Cabeça e o sustento do Corpo Místico. A Eucaristia é que nos une, em um Corpo, a Cristo, nossa Cabeça: "Visto que há um só pão, nós, embora muitos formamos um só corpo, nós todos que participamos dum mesmo pão" (1Cor 10,17).

É necessário que conheçamos e amemos a Cristo como Ele realmente é. Ora, o verdadeiro Cristo, é o Cristo *total,* o Cristo Místico, a Cabeça e os membros. Mas o Cristo verdadeiro é, também, Cabeça que os membros devem conhecer se houverem de ser membros seus. Esse glorioso Rei e Cabeça de toda a humanidade, Sumo Sacerdote da única Igreja, está em seu trono, na majestade de seu poder divino, no céu. Mas está também presente sob os véus do sacramento que é reverenciado e adorado em nossos tabernáculos. O verdadeiro Cristo é, também, o Cristo que foi pobre, trabalhou e sofreu por nós aqui na terra e que por nós morreu na cruz. O Cristo sofredor não está presente no Santíssimo Sacramento do mesmo modo que o está seu Corpo glorificado, mas em virtude da presciência que Jesus teve em sua vida e em sua Paixão de tudo que haveria de acontecer no mundo em torno dele nos séculos vindouros, quando esse sacramento seria adorado, louvado e amado pelos homens.

Quando procuramos a Cristo no Santíssimo Sacramento, devemos procurá-lo como Ele em verdade é.

Devemos reconhecê-lo como o Redentor que por nós sofreu, o Rei que reina sobre nós, a Vida que vive em todos os nossos irmãos, cristãos como nós. Somos livres de acentuar qualquer desses aspectos do Cristo Vivo, diante de nós, no tabernáculo, contanto que nos lembremos de que um deles é mais essencial do que os outros. Se devêssemos responder à pergunta: quem está presente no Santíssimo Sacramento, a resposta seria: é Cristo glorioso que reina no céu. Esta é a resposta que nos dá a fé católica. O Cristo glorioso é, na verdade, o Cristo que sofreu. Mas, se bem que seus sofrimentos lhe estejam ainda presentes, não é, rigorosamente falando, o Cristo sofredor que se acha presente no Santíssimo Sacramento. E conquanto Ele viva pela graça em todos os membros do seu Corpo Místico, não é o Corpo Místico de Cristo (no sentido moderno) que está presente no altar.

A melhor maneira de reunir esses três conceitos de Cristo em um só (pois são, de fato, um só, nele, que está ali presente diante de nós), é ter consciência de que o Cristo glorioso que vem a nós sob os véus das espécies sacramentais é o mesmo Cristo que, havendo-nos remido e santificado, será a nossa alegria por toda a eternidade no céu. Nossa vida de oração e adoração eucarística é, na realidade, o começo daquela contemplação de Deus, em Cristo, que será toda a nossa vida quando entrarmos na sua Glória.

Quando aprendermos o sentido pleno dessa verdade, compreenderemos que, embora possamos estar orando sozinhos numa pequena, escura e deserta igrejinha, orando com dificuldade, áridos e distraídos, estamos, não só unidos, por amor, a Cristo em sua Paixão, não apenas prostrados em adoração diante do Cristo glorioso, mas somos, realmente, um só corpo com todos aqueles que oram em lugares e horas diferentes. Todos nós que rezamos diante do tabernáculo, e mesmo os que ali não podem vir, obrigados a se entregar a diversas tarefas por amor a Cristo, estamos, na verdade, unidos misteriosamente numa profunda e secreta "liturgia", num ato do culto oferecido a Deus por Cristo (embora não oficialmente), em seu Corpo Místico.

Nossa contemplação é um culto de adoração que antecipa a visão e o louvor do céu. Mesmo se não o sentimos, devemos ter, consciência de que a meditação que prolonga nossa missa e nossa comunhão é misteriosa reprodução terrena do grande coro de adoração que se eleva, no momento presente, diante de Deus, no Céu.

Que vemos diante de nós na igreja deserta? Pequeno altar, um santuário pobremente mobiliado, um par de imagens de valor artístico duvidoso, uma parede rachada, obscurecida pela fumaça das velas e pela umidade? Um tabernáculo que ninguém consideraria digno de ser moradia de uma boneca, quanto mais de um Rei? Mas, não. Não é isso que vemos. Contemplemos, antes, com os olhos de São João:

E eu vi, no meio do trono e dos quatro animais e no meio dos anciãos, um Cordeiro imolado que se mantinha de pé; tinha ele sete chifres e sete olhos, que são os sete Espíritos de Deus, enviados por toda a terra... E os quatro animais e os vinte e quatro anciãos prostraram-se diante do Cordeiro, tendo cada um uma cítara e taças de ouro cheias de perfume, que são as orações dos santos. Eles cantavam um cântico novo, dizendo: "Tu és digno de receber o livro e de abrir os seus selos, porque foste ferido de morte, e resgataste para Deus, pelo teu sangue, de toda tribo, língua, povo e nação; e deles fizeste para o nosso Deus um reino e sacerdotes, e eles reinam sobre a terra" (Ap 5,6-10).

Nesse magno ato de adoração, temos o nosso lugar. Embora possamos ser pobres, somos membros de Cristo; nossas orações, portanto, contribuem algo para a nuvem de incenso que se eleva dos vasos de ouro. Estamos na presença do Cristo Vivo. Nossas orações estão unidas às dos seus Santos.

II

Fazei isto em memória de mim

1 O sacrifício cristão

A Eucaristia é o sacrifício cristão. É a "oblação pura" profetizada por Malaquias e oferecido em toda parte na terra, em substituição aos antigos sacrifícios que, por si mesmos, não podiam alcançar efeito sobrenatural algum. Estavam por conseguinte, fadados à frustração, exceto na medida em que eram tipos que prefiguravam o único sacrifício verdadeiro.

Na Eucaristia, Cristo Jesus, através da instrumentalidade do sacerdote, torna presente a oblação e imolação pelas quais se ofereceu ao Pai na cruz. No mistério dessa ação litúrgica, a Igreja se une ao divino Sumo Sacerdote e oferece, com Ele, seus membros a Deus. Recebendo na comunhão a Eucaristia, os fiéis completam o ato de homenagem feito a Deus, que é, ao mesmo tempo, o ato de eterna homenagem oferecido por Cristo. Renovam e aprofundam os laços que os prendem a Deus, dele recebendo um aumento da vida divina de caridade por Ele derramada sobre todos os que se tornaram, em Cristo, seus filhos adotivos.

Embora o tema preciso deste livro não seja o sacrifício da missa, é impossível não falar na Missa quando falamos da Eucaristia como sacramento. O Sacramento e o Sacrifício da Eucaristia são inseparáveis. A Presença real de Cristo na hóstia é a consequência necessária e imediata da transubstanciação. Mas o fim da transubstanciação é, antes de tudo, tornar Cristo presente sobre o altar, num estado de sacrifício ou imolação, pela consagração distinta das duas espécies do pão e do vinho. Ao mesmo tempo, não pode o sacrifício ser completo, sem que os elementos consagrados sejam recebidos na comunhão ao menos pelo sacerdote celebrante. Além disso, a hóstia é reservada no tabernáculo, de modo a que os enfermos e outros que não podem comungar no momento da missa possam receber o Corpo do Senhor em algum outro momento, participando assim do sacrifício de Cristo. Adoramos em nossas visitas ao Santíssimo Sacramento, portanto, o próprio Cristo Jesus que permanece presente na hóstia consagrada no Santo Sacrifício que será, eventualmente, recebida na Comunhão.

São Paulo torna perfeitamente claro o fato de que o Novo Testamento considera a morte de Cristo na cruz – ratificada por sua subsequente Ressurreição – como um sacrifício. Em realidade, é o único sacrifício perfeitamente aceitável a Deus. Que queremos significar por um sacrifício "aceitável a Deus"? Precisa Ele, porventura, de nossos sacrifícios? Responde Santo Ireneu: "Diz-se que o sacrifício é aceitável a Deus, não por necessitar Ele de nossos sacrifícios, mas porque aquele que o oferece é, ele próprio, glorificado naquilo que oferece, se seu dom é aceitável"[8].

---

8. V.S. Ireneu, *Adversus Haereses*, IV, 18.

E o santo prossegue, explicando que o dom verdadeiramente aceitável a Deus é o amor que temos uns pelos outros, significado pela Eucaristia e efeito principal desse sacramento. Quando nos amamos mutuamente, Deus, na realidade, recebe de nós a Eucaristia como um dom agradável, proveniente de seus amigos, e que lhe dá a glória a Ele devida.

Santo Ireneu diz ainda: "Deus não necessita do que é nosso, mas nós, pelo contrário, temos necessidade de oferecer sacrifícios a Deus... e Ele, que de nada precisa, aceita as nossas boas obras de maneira a nos poder recompensar do tesouro de seus dons... Assim, embora não necessite de nossos sacrifícios, deseja que lhos ofereçamos, para que à nossa vida não faltem os frutos".

Essas duas citações nos lembram como os Padres da Igreja tinham o propósito de afirmar a infinita transcendência de Deus e prevenir qualquer possível confusão entre Ele e os deuses pagãos que pediam sacrifícios porque deles precisavam. Os Santos Padres insistiam igualmente no fato de ser Deus glorificado pelo sacrifício de Jesus, não somente porque esse sacrifício é, em si mesmo, infinitamente perfeito e puro, mas porque é um meio pelo qual Deus manifesta o seu amor por nós, tornando assim patente, em nossas vidas, a sua bondade. Jesus, na oração Sacerdotal, no-lo fez ver com clareza, quando disse: "Pai... glorificai Vosso Filho para que Vosso Filho vos glorifique... Neles fui glorificado (aqueles que me destes)... Eu me santifico a mim mesmo por causa deles, para que também eles sejam santificados na verdade... Eu lhes dei a glória que me destes, para que eles sejam um assim como nós também somos um... Eu quero que lá onde eu estou, estejam também comigo aqueles que me destes para que vejam a minha glória" (Jo 17,1.10.19.22.24).

Neste ensinamento de Jesus podemos encontrar os quatro fins do sacrifício da missa inextricavelmente entrelaçados entre si. A primeira e mais importante função é dar glória a Deus, sendo que a segunda lhe está muito próxima, pois consiste em tributar-lhe perfeito louvor e ação de graças, em agradecimento por toda a sua bondade para com os homens. Em seguida, tem o santo sacrifício por. fim oferecer-lhe digna propiciação por nossos pecados e obter-nos não apenas o perdão de nossas ofensas e do castigo devido, mas também todas as graças e todos os auxílios temporais e espirituais de que precisamos, a fim de realizar a vontade de Deus na terra e de chegar à união com Ele no céu. Ora, é verdade que todos os efeitos e frutos do Santo Sacrifício glorificam a Deus; devemos, contudo, insistir no fato de que, antes de mais nada, o valor objetivo infinito da Vítima divina oferecida a Deus lhe dá infinita glória e perfeita adoração, independentemente das disposições daqueles que oferecem o sacrifício e dos frutos que poderão dele receber. É portanto, primariamente, por causa da Pessoa da Vítima, o Verbo Encarnado, que este sacrifício é aceitável a Deus. Todos os seus demais efeitos e frutos fluem desta grande verdade, única: a imolação de Jesus, Filho de Deus, é infinitamente agradável ao Pai e lhe dá toda a glória que lhe é devida.

Após haver descrito com pormenores os sacrifícios da Antiga Lei, São Paulo prossegue, comparando-os ao sacrifício de Cristo, no qual a tipologia deles é finalmente revelada e explicada. Cristo é o verdadeiro Sumo Sacerdote, sacerdote da "nova aliança" que deu por obsoleta a primeira e a substituiu (Hb 8,13). Em seu único e verdadeiro sacrifício, Cristo ofereceu ao Pai, no Céu, não o sangue de carneiro e bodes, mas o seu próprio Corpo e o seu Sangue. Assim fazendo, entra, não num "tabernáculo feito por mãos de homens" como o fazia o Sumo Sacerdote judaico ao penetrar no Santo dos Santos a fim de oferecer, a Deus o sangue da vítima, mas no santuário incriado do céu (Hb 9,11). O efeito do sacrifício de Cristo é purificar nossas almas do pecado e devolver-nos novamente a amizade de Deus: "quanto mais o sangue de Cristo, que pelo Espírito Santo se ofereceu a si mesmo sem mácula a Deus, purificará a nossa consciência das obras da morte para servir a Deus vivo?" (Hb 9,14). "Apareceu uma só vez na consumação dos séculos, para destruir o pecado com o sacrifício de si mesmo" (Hb 9,26).

Este sacrifício, consumado uma vez por todas no Calvário, é representado e renovado no sacrifício da Eucaristia. Em realidade, na Última Ceia, Jesus ofereceu este Santo Sacrifício que seria no dia seguinte, consumado pelo derramamento do seu Preciosíssimo Sangue. Desde esta primeira missa no cenáculo, Cristo torna seu sacrifício presente em toda parte, dia após dia, por meio de seus sacerdotes.

Daí ser a missa verdadeiro sacrifício no sentido estrito da palavra, formando um só sacrifício com o do calvário.

A missa não é um sacrifício no sentido de um ato de louvor ou de ação de graças, um *sacrificium laudis,* mas a oblação e a imolação de uma vítima pelo pecado, vítima que é o próprio Cristo. Este sacrifício é, portanto, algo mais do que uma prece para implorar o perdão: é propiciação infinita por todas as ofensas cometidas contra

Deus. Cada vez que a missa é oferecida, são derramados sobre nossas almas, novamente, os frutos de nossa redenção. Unindo-nos ao rito sagrado da missa e, sobretudo, recebendo a Santa Comunhão, penetramos no Sacrifício de Cristo; morremos misticamente, com a Vítima divina, e com Ele ressuscitamos a uma vida nova em Deus. Somos libertados de nossos pecados e, novamente agradáveis a Deus, recebemos a graça para seguir mais generosamente a Cristo na vida de caridade e união fraterna que é a vida de seu Corpo Místico.

Só podemos compreender a teologia moral e mística de São Paulo à luz desta doutrina da vida eucarística como participação plena no sacrifício de Cristo. "Cristo, nossa Páscoa, foi imolado", diz o apóstolo. "Celebremos, portanto, a festa, não com o fermento velho da malícia e da perversidade, mas com ázimos da pureza e da verdade". "Se ressuscitastes com Cristo, buscai as coisas do alto, onde Cristo está sentado à destra de Deus. Afeiçoai-vos às coisas do alto, não às da terra. Porque estais mortos e a vossa vida está escondida com Cristo em Deus. Quando aparecer Cristo, que é a vossa vida, vós aparecereis, então, com Ele, na glória". Quanto a este último ensinamento, lembramo-nos de que São João faz ressaltar explicitamente a conexão existente entre a comunhão eucarística e a ressurreição no último dia. "Quem come a minha carne e bebe o meu sangue tem a vida eterna e eu o ressuscitarei no último dia" (Jo 6,55).

A missa é, portanto, a Páscoa. A *Pascha* da Nova Lei. No sangue da Vítima divina, somos, não apenas libertados das mãos do anjo vingador que fulminou os primogênitos do Egito, não somente salvos do poder de Faraó, mas, com Cristo, "passamos deste mundo para o Pai" (Jo 13,1).

No sacrifício da missa, por conseguinte, renova-se o sacrifício do Calvário. O mesmo Sumo Sacerdote, Jesus Cristo, oferece a mesma Vítima – Ele próprio. A única diferença está no modo pelo qual é oferecido o Sacrifício. No Calvário, Jesus entregou sua vida sofrendo, derramando seu Sangue pelos pecados dos homens. Ressuscitado dentre os mortos, já não morre. Nos altares de seu sacrifício, é Ele mesmo quem fala quando o sacerdote consagrante pronuncia as palavras que efetuam o milagre da transubstanciação. São as mesmas palavras pronunciadas por Jesus sobre o pão e o vinho na Última Ceia. "Isto é o meu corpo" (Lc 23,19). "Este é o meu sangue, do novo testamento" (Mc 14,24). Na missa, Jesus cumpre a sua promessa de beber ainda deste fruto da videira "convosco novamente no reino do meu Pai" (Mt 26,29).

Quando nos aproximamos do altar para receber das mãos do sacerdote a hóstia consagrada, estamos misticamente presentes à Última Ceia em que Jesus, com suas próprias mãos, partiu o pão que havia sido mudado em seu sacratíssimo Corpo, e o distribuiu aos apóstolos. Em virtude de nossa participação nesse banquete sacrificial, penetramos, em toda realidade, embora sacramental e misticamente, no sacrifício da Cruz. Participamos, pela comunhão, dos frutos daquele Santíssimo Sacrifício; somos identificados com a Vítima divina e, por esse mesmo fato, passamos com Ele do mundo do pecado à misericórdia do Pai e à luz do seu divino favor.

Vemos, aqui, como um dos Padres da Igreja, São Cirilo de Jerusalém, no quarto século, descreve o sacrifício da missa:

Havendo-nos, então, santificado por hinos espirituais (o *trisagion)*, apelamos ao Deus misericordioso para que envie o seu Espírito Santo sobre as dádivas que diante dele repousam (as espécies não consagradas do pão e do vinho), para que faça do pão o Corpo de Cristo e do vinho o seu Sangue, pois tudo aquilo que recebe o contato do Espírito Santo é santificado e transformado. Em seguida, após haver sido consumado o sacrifício espiritual... rogamos a Deus pela paz da Igreja e pela tranquilidade do mundo... em uma palavra, para todos os que necessitam de socorro, suplicamos e oferecemos, todos, este sacrifício... Comemoramos, também, aqueles que dormem... crendo que isso será de imensa vantagem para as suas almas... Quando oferecemos nossas súplicas para os que dormem... oferecemos Cristo, sacrificado por nossos pecados, aplacando o nosso Deus misericordioso, tanto para eles como para nós[9].

2 Adoração

O mundo moderno já não está familiarizado com a noção do sacrifício ritual. É necessário dizer algumas palavras sobre a natureza do sacrifício, para demonstrar que a Eucaristia é um sacrifício no sentido mais alto e mais puro. Na realidade, não deveria ser comparado em nosso pensamento, com nenhum outro rito sacrificial.

De modo geral, o sacrifício é um ato pelo qual o homem satisfaz à lei da sua natureza que exige seja expressa externamente num ato significativo a sua submissão interior, e dependência para com um poder numinoso". A ideia de sacrifício é incompreensível se o deixamos de

---

9. SÃO CIRILO DE JERUSALÉM. *Catechesis Mystagogica,* 5.

considerar como a resposta a um profundo senso religioso do sagrado, do "santo". Se o sacrifício não for a expressão de uma consciência, pelo menos rudimentar, da realidade do divino, ele nada mais é do que um gesto vazio de sentido, mesmo no plano natural. E, porque a resposta do homem ao que é santo é tão frágil e inconstante, o sacrifício ritual tende, precisamente, no plano da natureza, a degenerar, tornando-se vã observância. Esse é um sinal de que a ação externa não corresponde mais às realidades interiores e espirituais que deveria exprimir, ou então que a resposta interior daquele que rende culto foi falsificada e corrompida de algum modo, sem que a consciência moral do ofertante tenha disso consciência.

A resposta psicológica normal à consciência da presença de um poder sagrado é a submissão e o culto de adoração. O sacrifício é a mais forte expressão externa do culto interior. É a oferta, a consagração, a "separação" de algum objeto precioso e necessário a nós e que não é mais nosso, mas pertence Àquele que é Santo. O meio normal de "separar" um objeto é destruí-lo, o que implica ter sido ele "doado" a Deus, enquanto nós a ele renunciamos. Quanto mais alta e pura for a religião, tanto mais profundo será o sentido do ato sacrificial. Se alguém possui de Deus ideia pouco elevada, terá igualmente, do sacrifício, ideia rasteira e, assim, o seu sacrifício terá o cunho de um "negócio" com a divindade que será imaginada como de algo precisando e desejando coisas que os homens também possuem e desejam. A divindade é, então, considerada como alguém com apenas um pouco mais de poder do que o homem, mas com os mesmos instintos e paixões. Em tais circunstâncias, a religião mal se distingue da superstição.

Quanto mais nos elevarmos na escala religiosa, e quanto mais espiritual se tornar a noção que tivermos de Deus, tanto melhor compreenderemos a distância infinita que há entre Ele e nós. Cada vez mais, tomamos consciência da sua absoluta transcendência e, contudo, não podemos escapar, ao mesmo tempo, à constatação da sua imanência que tudo penetra. No Antigo Testamento, eram oferecidos ao Deus Vivo sacrifícios de animais, porque a mente do povo se mostrava ainda propensa ao culto idólatra e precisava de algo que lhe fizesse viva impressão e o impedisse de resvalar, de se apegar aos ritos excitantes dos deuses terrenos de Canaã. Os profetas de Israel, entretanto, não hesitavam em repreender o sacerdócio levítico, demasiadamente complacente, pela confiança que depositava em tais sacrifícios. Isaías preparou o caminho para a nova aliança, quando declarou em nome de Javé:

> De que me serve a mim a multidão das vossas vítimas? diz o Senhor. Já estou farto delas. Não quero mais holocaustos de carneiros, nem gordura de animais nédios, nem sangue de bezerros, nem de cordeiros, nem de bodes. Quando vínheis à minha presença, quem pediu tais ofertas às vossas mãos, para que andásseis a passear nos meus adros? Não ofereçais mais sacrifícios em vão; o incenso é para mim abominação. A neomênia e os sábados, e as outras festividades não as posso já sofrer; os vossos ajuntamentos são iníquos. A minha alma aborrece as vossas calendas e as vossas solenidades; elas tornaram-se-me molestas, estou cansado de as suportar. E, quando estenderdes as vossas mãos, apartarei de vós os meus olhos; e, quando multiplicardes as vossas orações, não as atenderei, porque as vossas mãos estão cheias de sangue (Is 1,11-15).

Começamos, aqui, a ver o desenvolvimento da ideia do sacrifício interior em que o homem se oferece *a si mesmo* a Deus em lugar de oferecer vítimas. E, como o explica esse trecho do profeta, a oferta interior de nós mesmos consiste na justiça, na misericórdia e na bondade para com os outros homens – atos de virtude pelos quais a nossa alma, a parte mais eivada do nosso ser, é consagrada a Deus por intenções espirituais e boas. Contudo, esse sacrifício interior exige, ainda, ser expresso exteriormente numa ação ritual, pois o homem, sendo uma criatura, com corpo e alma, tem necessidade de ritos externos. Muito podem estes contribuir para sua vida interior e espiritual. O homem é, aliás, um ser social, e o sacrifício é, igualmente, um ato social, um reconhecimento, por parte da sociedade, de certos valores espirituais que são o *sine qua non* de nossa dedicação a Deus, tanto como indivíduos quanto como grupo.

Na hora presente, a ideia de sacrifício que domina mesmo em certos meios cristãos os leva a acentuar o lado moral e subjetivo desse grande ato. Há, então, tendência a considerar o sacrifício como a execução de um ato difícil, requerendo coragem e desapego e frutificando num aumento de mérito pessoal. Pode isso ser verdade, até certo ponto; não devemos, entretanto, nos esquecer de que o ponto essencial do sacrifício acha-se em sua orientação objetiva para Deus; não em algo de difícil que fazemos para nós ou para os outros. Não é, tampouco, algo de difícil que fazemos por Deus, apenas para melhorar nossas relações com Ele. É um ato de adoração, devido *estritamente* a Deus; é expressão, é manifestação, é "testemunho" da realidade de nossa posição em face dele – e, portanto, um depoimento em favor da sua infinita santidade, do seu poder e bondade. Em uma palavra, o sacrifício não é essencialmente um ato de temperança ou de fortaleza que nos torna, subjetivamente, mais santos (embora também o possa ser, em sentido lato). O sacrifício é, acima de tudo, um ato de justiça, de adoração. É um reconhecimento agradecido da realidade, uma aceitação do nosso lugar de criaturas que pertencem ao Criador e que devem fazer uso da liberdade, a fim de conhecerem o destino que Ele para elas planejou e de o realizarem. É também, aceitação do fato do pecado e uma tentativa de reparação. É, ainda, uma súplica de perdão. Enfim, dá glória a Deus.

3 Reparação

Seria erro grave construir *a priori* uma teoria do sacrifício baseada em noções tiradas da ordem natural e, em seguida, tentar justificar o sacrifício da missa estabelecendo que ele entra na definição comum aplicável a todo sacrifício. O sacrifício da Eucaristia pertence a uma ordem inteiramente própria. Embora possua certos traços comuns a outros sacrifícios, isso não sucede por ter ele tomado de empréstimo coisa alguma à ordem natural. Mas, antes, pelo fato de haverem sido ordenados pelo Deus da natureza, os sacrifícios de ordem natural refletiam algo oculto na mente divina e que o Senhor tencionava manifestar de modo mais perfeito no único verdadeiro sacrifício que o próprio Filho de Deus haveria de oferecer ao Pai.

Parece, entretanto, que exista um elemento comum a todo sacrifício; é a tentativa de obter uma reconciliação com o Senhor: é a Reparação. A pureza de um sacrifício corresponde, na realidade, à pureza da ideia de reconciliação que ele implica. E, por sua vez, essa noção depende da concepção que temos da nossa separação de Deus, que nos faz desejar sermos reconciliados com Ele.

Para nos ajudar a compreender a necessidade que temos de nos reconciliar com o Senhor, podemos fazer uma distinção entre o senso de contrição pelo pecado e o sentimento da culpa. Essa distinção pode não parecer sempre clara, pois acontece, por vezes, que os dois se entrelaçam. Estão, até certo ponto, unidos. Contudo, por "senso de contrição pelo pecado" quero designar algo de verdadeiro e sadio e por "sentimento de culpa" significo algo que tende a ser falso, e, portanto patológico.

Ambos esses impulsos nos dão o sentimento de estarmos afastados das fontes de nossa vida. Manifestam duas reações diversas à consciência de que não somos o que deveríamos ser. Aquilo a que chamo senso do pecado implica o doloroso reconhecimento de que usamos da nossa liberdade contra nós mesmos e contra Deus, que nos transformamos em algo que não estamos destinados a ser e, consequentemente, desobedecemos à voz da verdade de Deus, falando no mais íntimo de nossa consciência.

Por "senso de pecado" quero dizer, também, uma percepção de um fato real, não uma ilusão. É uma indicação de que estamos mesmo afastados da verdade e do amor de Deus. Mostra-nos, pelo menos até certo ponto, a causa desse afastamento. O senso de contrição pelo pecado leva-nos a procurar o perdão e a reconciliação com o Senhor, por uma nova adaptação à realidade. Faz-nos, portanto, desejar que se opere uma mudança em *nós próprios.* Impulsiona-nos a nos tornarmos novas criaturas. Volta-nos para Deus na esperança de que Aquele que nos criou nos recriará de acordo com a verdade que Ele conhece melhor do que nós, porque Ele mesmo é essa Verdade.

Por outro lado, um sentimento de culpa pode muito bem surgir da percepção de uma autêntica desordem moral em nossa vida. No sentido pejorativo que estou dando ao termo, é algo de bem diverso do senso de pecado. Primeiro, porque não implica desejo algum eficaz de mudança, nenhum impulso real para se tornar são. Não procura a verdade, mas apenas a posse indiscutida das próprias ilusões. Daí ser mórbido e servil e não encarar a realidade. Aquele que sofre do sentimento de culpa não quer, certamente, *sentir-se culpado. Mas* não quer *ser inocente.* Quer fazer aquilo que acha que não deve, sem ter a dor de se preocupar com as consequências. Ora, muitas vezes esse sentimento de culpa é, em si mesmo, uma ilusão. É questão de comum experiência que alguém pode "sentir-se" muito mais manchado e degradado por uma falta que, objetivamente, é trivial, do que por um pecado realmente grave; a emoção provocada pela vergonha nem sempre é indicação segura de uma falta moral cometida. Pelo contrário, pode alguém, por vezes sentir-se envergonhado de algo que, em realidade, deveria ser motivo de autocongratulação.

O gênero de sacrifício provocado por esse particular sentimento de culpa será, portanto, um ato inútil e supersticioso, sendo seu fim principal, não agradar a Deus, mas simplesmente aliviar a ansiedade. Deus poderá bem ser considerado como aquele a quem é oferecido o sacrifício, mas será visto, então, de maneira desfigurada pela projeção que sobre Ele fazemos de nossos próprios temores. Quanto mais intenso for o sentimento de culpa e profundo o conflito no qual a culpa se vê enraizada, tanto mais violenta, perversa e sanguinolenta será a natureza do sacrifício.

A história do nosso tempo foi composta por ditadores cujo caráter – muitas vezes fácil de se conhecer – estava repleto de recalques em relação à culpabilidade, auto-ódio e sentimentos de inferioridade. Conseguiram arrebanhar o apoio de grandes massas movidas por idênticos impulsos recalcados. As guerras que desencadearam uns contra os outros constituíram o sacrifício que as massas, degradadas pelo totalitarismo, ofereceram numa fanática autoidolatria que, entretanto, jamais consegue acalmar a náusea causada pelo auto-ódio.

Essa digressão sobre os inexprimíveis males morais do nosso tempo foi necessária. Para uma mentalidade semelhante à que acabamos de descrever, não pode a Eucaristia ter muito sentido. Não nos pode revelar seu profundo significado se não desejarmos reconciliação objetiva com Deus, em lugar de mero alívio do sentimento subjetivo de culpabilidade e angústia. Isso exigiria, logicamente, que falássemos do batismo antes de prosseguir tratando da Eucaristia, mas nos levaria demasiado longe. Basta dizer que o efeito curativo dos sacramentos do batismo, confirmação e penitência (e, nos casos apropriados, da extrema-unção) nos foi dado para reparar e resistir a esse grande mal que é, em nossas almas, o pecado, e para nos adaptar objetivamente à realidade sobrenatural.

O significado do Sacramento da Eucaristia só pode ser compreendido por alguém que tenha consciência das seguintes realidades: quem é Deus, o que é o pecado, quem somos nós, que é Cristo e o que Ele fez por nós. Isso pressupõe, uma formação espiritual que só é possível a quem recebeu o dom da fé. Ao mesmo tempo, a vida sacramental da Igreja fomenta e estimula a vida de fé. A fé e os sacramentos são dois canais pelos quais os méritos da Paixão de Cristo são aplicados às nossas almas. Segundo Santo Tomás, do Corpo de Cristo, hipostaticamente unido ao Verbo, emana uma força espiritual. Se entrarmos em contato com Ele, essa força opera em nossas almas; o contato é estabelecido pela "fé e os sacramentos da fé"[10].

Em outra parte, lembra-nos Santo Tomás que a Eucaristia não somente aplica às nossas almas os méritos da Paixão de Cristo, mas contém o próprio Cristo que sofreu por nós. É claro que no sacrifício da missa conseguimos o mais íntimo contato possível com o Corpo de Cristo, autor de toda santificação, no mesmo ato pelo qual tira todos os pecados do mundo. Temos aqui, na verdade, Reparação objetiva.

Qual é a fonte particular da fecundidade desse sacrifício? É o valor infinito do Corpo e do Sangue de Cristo e o poder infinito da sua caridade. Antes de mais nada, é Ele pessoa divina, o Verbo de Deus. O valor de seus atos é infinito, pois são divinos. Uma vez, porém, que são realizados por um *homem* – uma natureza humana unida a Deus – e para *homens,* são todos aceitáveis a Deus como oferta da própria humanidade. Em Cristo, torna-se esta, de novo, sobrenaturalmente agradável a Deus, apta a se unir a Ele.

Quanto menor for a nossa compreensão da realidade de Deus, tanto menos sentiremos a necessidade de reconciliação com Ele. A ideia objetiva de sacrifício

---

10. Passio Christi, licet sit corporalis, habet tamen spiritualem virtutem ex divinitate unita: et ideo per spiritualem contactam efiicaciam sortitur, scilicet per fidem et fidei sacramentum. *Summa Theologica*, III, Q. 48, a. 6, ad 2.

como ato de adoração devido a Deus, em justiça, perde-se com mais facilidade do que o senso subjetivo do valor, de "sacrifícios" que exigem força moral e que nos tornam mais virtuosos e perfeitos. Até mesmo entre católicos que meditam sobre as verdades da fé, frequentemente é a missa considerada antes de tudo como a manifestação das virtudes e dos sofrimentos que podem ser contemplados na Paixão de Cristo, e não como ato de adoração e satisfação objetiva por Ele oferecida ao Pai. As virtudes e os sofrimentos de Cristo de maneira alguma devem ser ignorados; entretanto, não devemos, tampouco, olvidar que o valor objetivo de seu sacrifício – e esse valor objetivo é, em si mesmo, infinito – vem do fato de ter sido aceitável a Deus e recebido em "odor de suavidade" o dom e oferecimento do Filho ao Pai. Em outras palavras: o que há de mais importante no sacrifício do calvário e na missa não é termos aí uma expressão de sublime heroísmo em Cristo, mas acima de tudo o fato de ser esse Sacrifício *agradável a Deus.* Deixar de apreciar esse fato tornaria evidente que a nossa espiritualidade não está baseada no desejo de agradar a Deus tanto quanto no desejo de sermos heróis. Ora, pode isso facilmente desviar-se corrompendo-se num puro narcisismo e no desejo de nos exibirmos aos olhos dos homens.

Vamos, portanto, cultivar uma profunda estima tanto do elemento objetivo como do subjetivo existentes no sacrifício da missa. Mas, vamos, sobretudo, pôr em primeiro lugar o mais importante. A missa é o maior de todos os atos do culto, não só porque é para nós o mais santificante, mas também, e principalmente, porque dá a maior glória a Deus e lhe agrada acima de tudo mais na terra. Ambas estas coisas, aliás, são, na realidade, uma só, no sentido de que Deus mais se compraz no ato pelo qual decretou manifestar-nos sua misericórdia do modo mais eficaz; ora, é a missa que o realiza.

A Ressurreição de Cristo dentre os mortos foi o sinal de ter sido seu sacrifício aceito por Deus; portanto, quanto mais objetiva for nossa estima pela missa, tanto mais teremos consciência de que ela é um memorial da Paixão, Ressurreição e Ascensão de Cristo, como o diz o sacerdote logo após a consagração. Longe de dividir a nossa atenção e "distrair-nos" da grande realidade redentora da morte de Cristo na cruz, essa visão mais larga nos dá até uma compreensão mais profunda da força e do sentido da cruz. Pois, como declara São Paulo, foi porque Jesus se tornou obediente até à morte de cruz que "Deus o exaltou e lhe deu um nome que está acima de todo nome" (Fl 2,29).

A Liturgia é que nos mostra, da melhor maneira, como manter perfeito equilíbrio entre os dois aspectos, objetivo e subjetivo, da missa, ela que guarda ainda perfeito senso de proporção quanto à harmonia existente entre o ritual e o ascetismo próprio à vida cristã. Basta consultar algumas das orações do missal, particularmente as "secretas" das missas mais antigas, para constatar essa grande verdade.

O sacrifício da missa santifica, por exemplo, o nosso jejum quaresmal, e lhe confere caráter mais profundo, interior e espiritual[11]. Pela força poderosa deste sacrifício, somos levados, uma vez purificados, à fonte de sua ação: *Haec sacrificia nos, omnipotens Deus, potenti virtute*

---

11. Praesentibus sacrificiis, Domine, ieiunia nostra sanctifica: ut quod observantia nostra profitetur extrinsecus, interius operetur. Secreta do Sábado das Têmporas da Quaresma.

mundatos, ad suum faciant puriores venire principium[12]. Deste sacrifício recebemos "remédios eternos"[13] para curar todos os nossos pecados e fraquezas. A ação do sacrifício nos faz, também, vítimas espirituais dignas de ser oferecidas a Deus[14]. Em suma, "cada vez que se renova a memória deste Sacrifício, opera-se o fruto de nossa redenção"[15].

Tudo que a liturgia diz ou pode dizer sobre o valor da missa acha-se resumido nas palavras com que Jesus transmitiu esse sacrifício a seus apóstolos e os ordenou sacerdotes para sempre. "Fazei isto", disse Jesus, "em memória de mim" (Lc 22,20). Se oferecermos o sacrifício da missa plenamente conscientes de que é o Sacrifício do Filho de Deus feito Homem, haveremos de pensar, antes de tudo, no valor objetivo infinito que tem aos olhos de Deus e, ao mesmo tempo, nos recordaremos do amor com que Jesus "nos amou até o fim".

A missa é o oferecimento do Sangue do novo "Testamento". São Paulo gosta de fazer um jogo de palavras com a expressão testamento que significa não somente aliança, ou acordo, mas, também testamento no sentido de uma última vontade. A missa é o dom supremo de Cristo à sua Igreja, a herança que Ele lhe deixou. Ainda aqui confrontamos uma noção muito concreta e objetiva da índole deste único verdadeiro Sacrifício. A liturgia não cessa de nos lembrar que a missa é nosso patrimônio, nossa herança. É o *nosso sacrifício*. Quão caro é este

---

12. Secreta da Segunda-feira da Semana Santa.
13. *Postcommunio* do Sábado das Têmporas da Quaresma.
14. Secreta da Segunda-feira da Semana de Pentecostes.
15. Secreta do 9º domingo depois de Pentecostes.

pensamento ao coração do católico! Dia após dia, estamos acostumados a ver o padre voltar-se para nós no fim do ofertório para nos dizer: "Orai, irmãos, a fim de que o meu e o *vosso sacrifício* seja favoravelmente aceito" aos olhos de Deus. Igualmente, logo antes da consagração, o sacerdote estende as mãos sobre as oblatas e roga a Deus que aceite favoravelmente "esta oblação que nós, vossos servos, e toda a vossa Igreja vos fazemos". Jamais podemos esquecer, portanto, que, se Jesus se entregou, no calvário, para a glória do Pai, deu-se, ao mesmo tempo, para a nossa salvação. Na Oração Sacerdotal (Jo 17,19-21) que é, sem dúvida, o modelo sobre o qual foi construído o cânon da missa, disse Jesus: "Eu me santifico a mim mesmo (isto é, eu me ofereço como um sacrifício santo) por causa deles, para que também eles sejam santificados na verdade. Não rogo somente por estes, mas também por aqueles que, por meio de sua palavra, hão de crer em mim, para que todos sejam um". E os apóstolos, que naquela noite Ele ordenou sacerdotes, não foram apenas pregar a palavra, mas, também, ordenaram a outros que haveriam, por sua vez, de transmitir o sacerdócio de Cristo às novas gerações, de maneira que todos os tempos partilhassem do sacrifício que Cristo legou à sua amada Esposa, a Igreja, como seu mais precioso tesouro.

Em lugar algum vemos melhor do que na missa tantos aspectos da multiforme caridade do Verbo feito carne. Antes do mais, há o amor que o levou, embora igual ao Pai, a se aniquilar e a tomar a forma de servo, tornando-se semelhante aos homens (Fl 2,7). Entretanto, Jesus não se fez homem só para viver conosco, nos ensinar, nos formar, curar nossas enfermidades e nos dar a esperança. Veio também para morrer por nós, de morte vergonhosa e crudelíssima. Por nós Jesus aceita toda possível injustiça e toda ignomínia. Contudo, vemos, aqui também, o seu amor pelo Pai. Pois, morrendo para nos salvar, satisfez com isso ao amor do Pai por nós e operou a nossa união ao Pai. Jesus o conseguiu, não apenas morrendo em obediência à vontade do Pai, como todos o sabemos, mas sobretudo aceitando a morte com a plena consciência de que haveria de ressuscitar, pelo poder de Deus, no terceiro dia. Nas misteriosas palavras que brotam dos lábios do Salvador, no relato evangélico do tempo que precede imediatamente a Paixão, vemos esse motivo, entre todos o mais profundo, da sua aceitação da cruz.

> Agora minha alma se sente conturbada. Que direi? Pai, livrai-me desta hora. Mas é para isso que eu cheguei a esta hora. *Pai, glorificai o vosso nome* (Jo 12,27).
> Pai, é chegada a hora. *Glorificai vosso Filho, para que vosso Filho vos glorifique...* Eu vos glorifiquei sobre a terra. Cumpri a obra, cuja realização me confiastes. Agora, Pai, *glorificai-me junto de vós mesmo, com a glória que eu tinha em vós, já antes que o mundo existisse* (Jo 17,2-4).

Essa glorificação do Pai no Filho consiste, em primeiro lugar, na ressurreição de Cristo e sua ascensão ao céu. Mas consiste também, e isto é essencial, no partilhar da ressurreição com todos aqueles a quem o Pai "escolheu" para serem membros do seu Filho. O Pai deve ser glorificado *em nós,* através da missa que nos comunica os méritos da cruz e a glória da ressurreição.

> Manifestei vosso nome aos homens, que tirastes do mundo e me destes. Eram vossos e vós os destes a mim. Eles guardaram a vossa palavra [...]. Eu lhes dei a glória que me destes, para que eles sejam

um, assim como também nós somos um. Eu neles e vós em mim, para que sejam consumados na unidade, e o mundo conheça que vós me enviastes e que os amastes, como também amastes a mim (Jo 17,6.22-24).

O sacrifício da Eucaristia é, portanto, infinitamente glorioso, não só porque representa a imolação do Filho de Deus encarnado, mas porque dá Cristo ressuscitado, em sua carne gloriosa e transfigurada, aos membros de seu Corpo Místico. Une-os, fazendo de todos um só, como Ele é um com o Pai. Une-os em "fusão", na chama de uma caridade infinita, o Espírito, que procede do Pai e do Filho. Assim sendo, a missa manifesta, se bem que no mistério, a glória do Pai. No presente, o mistério é visto apenas através de um espelho, e obscuramente: através dos véus da fé. Dia a dia, porém, nos aproximamos da hora final em que ele nos será revelado; veremos, então, a plenitude da glória do "sacrifício" eterno que é perpetuado no céu, na glória da visão beatífica.

> Jesus, porém, tendo oferecido uma só hóstia pelos pecados, está sentado para sempre à direita de Deus [...]. Por uma só oblação tornou perfeitos para sempre os que foram santificados. Portanto, temos a confiança de entrar no Santo dos Santos pelo sangue de Cristo, pelo caminho novo e vivo que nos abriu através do véu; isto é, através da sua carne [...]. Aproximemo-nos com um coração sincero, com a plenitude da fé, purificados os corações da consciência má, e lavado o corpo com água limpa (Hb 10,12-14; 19,22).

4 Ágape

Tudo que até agora foi dito sobre a Eucaristia como sacrifício é insuficiente para nos fazer apreciar todo o valor desse mistério. Enquanto confinarmos nossos pensamentos dentro das perspectivas e dos limites da virtude de religião, que faz parte da justiça, não podemos ver o sentido verdadeiro do sacrifício e Sacramento da Eucaristia. O sacrifício da Missa é, de fato, um ato supremo de adoração. É, porém, algo mais. Ora, se falharmos na consideração desse "algo mais", haveremos, também, de falhar na perfeição da nossa adoração. Portanto, deve ficar bem claro que, a fim de adorar a Deus de modo perfeito no Sacrifício e Sacramento da Eucaristia, nós o devemos amar. Temos de nos unir intimamente a Ele pelo amor. Devemos tomar consciência de que esse sacrifício nos mergulha na própria vida de Deus que é Amor. Devemos ver que a adoração e a homenagem que Deus de nós exige não pode ser nada menos do que uma plena união de amor com Ele.

Mais uma vez, é necessário lembrarmo-nos de que nossa visão do sacrifício da missa não deve ser falseada e caricaturada por um contato estreito com as ideias de uma ordem natural e pagã.

Na ordem natural, em toda ideia de sacrifício – até mesmo nos sacrifícios da Antiga Lei – vemos ter ele por função dar testemunho da grandeza e do poder de Deus, a quem é oferecido. Tem por alvo tornar propício o poder divino e conseguir uma união moral entre Deus e os oferentes. O sacrifício é um sinal de que Deus e o homem estão acordes; que o homem reconhece o fato de que Deus pode ser bondoso para com ele e que na realidade o foi. O homem manifesta a esperança de que a benevolência do Senhor continua a favorecê-lo. E promete viver uma vida digna dessa benevolência.

O sacrifício pascal dos Judeus é, contudo, algo de muito mais preciso e definido que o vago reconhecimento do poder divino. Comemora um acontecimento histórico particular, pelo qual Deus manifestou, não apenas o seu poder, mas também, e sobretudo, a sua vontade de escolher para si, dentre os homens, um povo que seria o *seu* Povo. O sacrifício pascal, portanto, comemora não só a libertação dos judeus da escravidão do Egito, mas também a criação do Povo escolhido, o Povo de Deus – a nação que seria governada por Ele, diretamente, cuidada, conduzida, ensinada, formada, nutrida, vestida e defendida por Ele. Daí, terem os sacrifícios da Antiga Lei significado especial. Não só exprimem o desejo do homem de adorar o Senhor, o Ser supremo; dão também testemunho de que o Povo de Deus é, na realidade, o seu povo, pertence-lhe e vive da sua vontade. É esse Povo a expressão de uma união muito especial com Deus – união com Aquele que É. São eles o sinal de que Israel é fiel ao Deus Vivo, fiel à realidade, enquanto o culto idólatra é a adoração daquilo que é irreal. Em tudo isso, os sacrifícios da Lei Antiga prefiguram o sacrifício perfeito da Nova Lei.

Já dissemos que o teste da noção que temos do sacrifício deve ser encontrado na pureza de nosso conceito de Deus, a quem o sacrifício é oferecido.

Para entender o sacrifício cristão, devemos compreender algo de Quem é Deus, segundo a doutrina cristã.

O Deus do cristianismo não é o deus do animismo ou do fetichismo, não é o espírito que está encerrado dentro de uma coisa qualquer, não é a objetivação de uma força natural nem a personificação de alguma coisa. Como também não é apenas o Deus da filosofia – o "Ser Supremo", o "Absoluto", o "Primeiro Motor", a Inteligência infinita que se compreende a si próprio e em cujo conhecimento de si mesmo todos os outros seres são conhecidos. A doutrina cristã sobre Deus está baseada numa revelação vinda das trevas de transcendentes mistérios – revelação envolta em termos humanos, pois que é dirigida a homens, manifestando, porém, um mistério que conceitos humanos jamais podem delimitar ou conter. A ideia cristã de Deus está contida em três palavras do Apóstolo São João: *o Theòs agapé estín.* "Deus é amor" (1Jo 4,8).

Para nos dar alguma ideia de Quem seja Deus, São João apela para a mais alta e mais pura atividade do espírito humano, a expressão mais nobre da vida do homem como ser inteligente. Dá-nos, assim, um ponto de partida do qual podemos chegar a um conhecimento experimental de Deus. "Sabes o que é amar? Sabes em que consiste elevar-se acima de si mesmo pelo esquecimento de si e dedicação ao bem dos outros, de maneira que te encontres novamente além e acima de ti mesmo, nos outros? Sabes o que significa alcançar a plenitude da tua vida dedicando-te ao bem da comunidade inteira dos irmãos com os quais és um só? Conheces essa pura e espiritual atividade que realiza a união de muitos em uma pessoa mística, enquanto, ao mesmo tempo, eleva a uma nova perfeição a própria individualidade de cada um? Poderás, então, começar a entender algo a respeito de quem é Deus".

O termo empregado por São João para designar o amor não é *eros,* mas sim, *ágape;* não é uma palavra que indique uma paixão que brota das profundezas de nosso ser necessitado e clama pelo outro, para obter a realização do nosso desejo. *Ágape* é o amor que transborda e dá da sua própria plenitude; não é a fome que clama do abismo do seu próprio vácuo. O amor humano, por sua natureza, nunca pode ser puro *ágape*. Porque somos, por nós mesmos, contingentes e insuficientes; nosso amor contém, necessariamente, um elemento de *eros* ou paixão, que prorrompe do fundo da nossa pobreza e suspira pela satisfação daquilo que nos falta. Deus, que de nada necessita, pode dar-se sem limites, e o seu amor – o amor que Ele é – é um dar-se infinito de si mesmo, eternamente repleto da plenitude do seu dom. Daí se segue ser Deus, ao mesmo tempo, infinitamente rico e infinitamente pobre, infinitamente grande e infinitamente humilde; colocado tão acima de tudo que pode colocar-se abaixo de tudo e ninguém há de perceber a diferença, pois, em toda parte onde esteja, está tanto acima como abaixo, tanto aqui como além, em nós e fora de nós e, contudo, tão infinitamente distante que jamais o podemos alcançar.

Para que o *ágape* possa penetrar no espírito do homem, é preciso que Deus revele e dê o seu amor, a sua vida, ao homem. A caridade (ágape) do cristão, por conseguinte, é algo essencialmente diferente e mais puro do que o mais desinteressado e puro amor natural do homem para com o seu irmão. É qualquer coisa de inteiramente novo, é manifestação de Deus vivendo na humanidade e revelando a sua natureza pelo amor com o qual decretou que haveria de unir os homens a si e entre eles incorporando-os a seu Mistério.

Que é o divino *ágape*? Que é essa caridade que constitui a própria natureza de Deus? A teologia descreve esse Amor, que é natureza de Deus, quando nos expõe o dogma das Três Pessoas em Deus, unidas em uma só natureza. O sublime mistério da Santíssima Trindade é para nós uma elucidação do conteúdo das palavras de São João: "Deus é amor". Dizer que Deus é o Pai, de quem procede um Filho, que lhe está unido em um Espírito, é dizer que Deus é um "dar-se" infinito, um "dar" vida em que as Três Pessoas divinas subsistem dando-se uma à outra. É de importância aqui, mais do que em qualquer outra matéria, evitar imagens humanas nos mistérios de Deus. A Igreja mostra-se indulgente em permitir que a Santíssima Trindade seja representada em figuras; se, porém, quisermos atingir algo deste inefável mistério, o melhor que poderemos fazer é começar por afastar todas essas imagens para longe de nossa mente.

O grande meio que a Igreja nos deu para penetrarmos no mistério da Santíssima Trindade é, precisamente, o Sacramento e o Sacrifício da Eucaristia. Em lugar de tentarmos imaginar o Pai e o Filho e o Espírito Santo, fixemos nossos olhares na sagrada hóstia e lembremo-nos das palavras pronunciadas por Jesus na Última Ceia: "Aquele que me vê, vê também o Pai. Como podeis dizer: "Mostrai-nos o Pai? Há tanto tempo estou convosco e não me conheceis?... Não acreditais que eu estou no Pai e o Pai em mim?" (Jo 14,9-10).

Penetramos no mistério da Santíssima Trindade, não tanto pensando e imaginando, mas amando. Pensamentos e imaginações alcançam, em breve, limites que não conseguem ultrapassar; esses limites estão ainda muito longe da realidade de Deus. O amor, porém, sobrepujando todo obstáculo, e, nas asas do Espírito de Deus, alçando-se para além de nossas limitações, penetra nas íntimas profundezas do mistério para apoderar-se daquele que nossa inteligência é incapaz de ver. "A nós, porém, Deus o revelou por meio do seu Espírito; porque o

Espírito de Deus tudo penetra, mesmo nas profundezas de Deus" (1Cor 2,10). "Todo aquele que ama nasceu de Deus e conhece a Deus... Ninguém jamais viu a Deus, mas, se nos amarmos uns aos outros, Deus permanece em nós e seu amor é em nós perfeito. A prova pela qual reconhecemos que permanecemos nele e Ele em nós é que nos deu o seu Espírito" (1Jo 4,7; 12,13).

O sacrifício da missa é o mistério ritual que reproduz e torna presente entre nós a grandiosa ação do Verbo Encarnado que em toda nitidez e plenitude manifestou, na terra e no tempo, a intemporal e suprema perfeição do divino ágape. Essa ação foi o mistério de sua morte na cruz.

O amor do Pai pelo Filho prorrompeu de dentro do mistério da Santíssima Trindade e tornou-se conhecido no exterior, fora de Deus, quando o Pai fez dom do seu Unigênito à humanidade. Na Encarnação, o amor do Pai pelo Filho se estendeu para abraçar a humanidade na mesma unidade do Espírito em que o Filho é um com o Pai. Jesus, por sua vez, morrendo na cruz, manifestou, ao mesmo tempo, seu amor ao Pai e à humanidade; pois era simultaneamente vontade do Pai que Ele morresse por nós, e de nosso próprio interesse, uma vez que disso dependia a nossa salvação. Na morte de Jesus, na cruz, vemos o Único Amor que é Deus, e vemos as Três Pessoas divinas a amar-se mutuamente, e somos, nós mesmos, arrebatados no vínculo de amor, no circuito de mútua doação que As une entre si.

"Deus amou tanto o mundo que deu seu Filho Unigênito para que todo aquele que crê nele não pereça, mas tenha a vida eterna" (Jo 3,16). Eis como reconhecemos o Amor: "Ele entregou sua vida por nós. Assim também nós devemos entregar a vida por nossos irmãos" (1Jo 3,16). "Eis como se manifestou para nós o amor de Deus: Deus mandou ao mundo seu Filho Unigênito, a fim de que, por ele, recebêssemos a vida... E nós vimos, e disso damos testemunho, que o Pai enviou o seu Filho como Salvador do mundo" (1Jo 4,9.14).

O amor pelo qual o Filho tudo recebe do Pai e dá-se de volta ao Pai é, no seio de Deus, o "sacrifício" eterno em que o Filho correspondeu ao amor do Pai. Esse sacrifício perfeito é consumado na chama do Espírito Santo; sacrifício, não de morte, e sim de vida, não de tristeza e destruição, mas de suprema e fecunda alegria: dessa alegria brotam, não somente a criação, mas todas as outras obras em que o divino *ágape* se manifesta exteriormente. A mais perfeita dessas obras é a morte redentora de Cristo na cruz. Ora, é sobre os nossos altares que ela se perpetua pelo Sacrifício e Sacramento da Eucaristia.

É claro, portanto, que, para apreciar devidamente o pleno sentido do sacrifício eucarístico, devemos nos lembrar de que a missa, ao tornar presente o grande mistério redentor da cruz, manifesta, também, por esse mesmo fato, no mistério, o *ágape* que é a secreta e inefável essência de Deus. Aquilo que na missa contemplamos é a própria realidade do amor de Deus. E nós entramos nessa realidade. Somos encerrados no amplexo do Espírito Santo, Espírito de Verdade e de Amor, o vínculo que une o Verbo e o Pai. Tornamo-nos capazes de nos unir ao Verbo no grande ato de amor sacrificial com que Ele deu testemunho, na Cruz, do seu amor pelo Pai e por nós. E, ao mesmo tempo, unimo-nos – no próprio coração do Mistério – ao eterno amor pelo qual, como Verbo, oferece seu interminável "sacrifício" de louvor ao Pai nas profundezas da Santíssima Trindade.

III

Eis que estou convosco

1 A presença real

É tempo de considerarmos mais de perto o dogma da presença real de Jesus Cristo na Santa Eucaristia.

O Concílio de Trento (Sessão XIII, cânon 1) define nitidamente a verdade que é o próprio fundamento da vida cristã e de todo culto. "No Sacratíssimo Mistério da Eucaristia está verdadeiramente contido, real e substancialmente, o Corpo e o Sangue de Nosso Senhor Jesus Cristo, juntamente com sua alma e divindade, em realidade o Cristo todo". Portanto, a presença de Cristo neste sacramento é tanto *real* como *integral*. É uma verdadeira presença, porque o Santíssimo Sacramento não é apenas sinal ou símbolo de Cristo como o "Pão de Vida". Também não é meramente uma figura que desperta a nossa fé e devoção, afervorando-nos os corações com sentimentos de caridade para com Deus e o próximo. Tampouco age Cristo sobre nós apenas por este sacramento. Está presente nas espécies consagradas, não somente por sua atividade, mas em substância, e é isso que torna a Eucaristia diferente de todos os outros sacramentos, elevando-a acima de todos eles. O Santíssimo Sacramento não só confere a graça como instrumento de Cristo Santificador, mas contém Aquele que é a fonte e o autor de toda santidade: *ipsum sanctitatis auctorem et fontem continet*[16].

É essa a única interpretação dada pela Igreja à nítida declaração de Jesus Cristo quando Ele benzeu o pão, partiu-o e o deu a seus discípulos dizendo: "Isto é o meu Corpo". Somente após longos séculos foi a realidade da presença de Cristo na Eucaristia motivo de dúvida para alguém que se proclamasse cristão.

Demais, as espécies consagradas do pão contêm o Corpo de Cristo como efeito direto das palavras da consagração. Entretanto, não é só o Corpo de Cristo que se acha ali. Tudo que pertence à integridade de sua Pessoa está também presente, por concomitância, com o seu sagrado Corpo. Ao enumerar corpo e sangue, alma e divindade do Senhor, o Concílio de Trento não reduziu Cristo a uma coleção de fragmentos e, ainda menos, de abstrações; estava apenas cumprindo o dever evidente de tornar clara a crença da Igreja na presença real e total de Cristo. O que temos na Eucaristia não é apenas um objeto mental formado de seis ou sete conceitos fundidos em um só. Temos uma Pessoa, e muito mais que tudo o que podemos conceber pelo termo "pessoa". Mesmo no sentido humano, toda pessoa viva é, pela sua espiritualidade e realidade concreta, um mistério existencial que não pode ser penetrado pela análise. Aqui temos não só o mistério de uma alma humana em toda a sua intimidade espiritual, não só a pessoa humana na inefável realidade concreta da vida e da autodeterminação espiritual, mas temos uma natureza humana unida ao Verbo de Deus subsistindo numa Pessoa divina. O mis-

---

16. *Catechismus Concilii Tridentini*, II, 4. 1.

tério da encarnação é, em si mesmo, profundíssimo; mas, quando, historicamente, Cristo viveu entre nós como Pessoa, sua humanidade era evidente, mesmo se a divindade permanecia oculta. Aqui, porém, neste admirável sacramento, tanto a humanidade como a divindade estão ocultas. Entretanto, o Sacramento nem por isso deixa de ser o Cristo, o Cristo todo, real e integralmente presente como Pessoa.

Tudo que pertence à realidade do corpo humano está aqui. Tudo que é próprio à sua alma e que faz dele uma Pessoa, tudo que, como Cristo, Ele é, o Filho do Homem e o Filho de Deus: tudo está aqui presente. Como a Igreja no-lo ensina, temos, neste Sacramento, o mesmo Cristo que nasceu da Virgem Maria e está atualmente entronizado na glória à destra do Pai[17].

Quando tudo isso já foi dito, encontramo-nos apenas no limiar do Mistério da Eucaristia como sacramento. Nos sacramentos temos uma ordem do ser inteiramente singular e, para apreciar devidamente o mistério da Santa Eucaristia, disso devemos nos lembrar. A Sagrada Eucaristia não é um pedacinho de pão não fermentado que, de algum modo, contém a substância do Corpo de Cristo. Não é mais pão. Não possui mais o ser, ou a natureza, de qualquer objeto material. Os acidentes sensíveis do pão permanecem, é verdade, mas não estão inerentes a nenhuma substância. O Ser que se acha presente está inteiramente invisível, porque Cristo, neste Sacramento, está presente apenas à maneira de uma substância. A substância de uma coisa é sua capacidade

---

17. Verum Christi Domini Corpus, illud quod natum ex virgine in caelis sedet ad dexteram Patris, hoc Sacramento contineri. *Catechismus Concilii Tridentini*, II, 4, 26.

de ser o que é, sua aptidão para existir por si mesma, seu poder de ser ela própria. É a substância que responde à pergunta: "Que é isto?" Ora, no Sacramento da Eucaristia, quando, precisamente, fazemos essa pergunta a propósito da hóstia consagrada, devemos atender à resposta da fé que nos diz, com as palavras de Cristo: "Isto é o meu Corpo". As palavras "meu Corpo" designam o único ser substancial agora presente. Nada mais resta da substância do pão. Vemos os acidentes do pão; contêm, todavia, a substância do Corpo de Cristo. Podemos, por conseguinte, sem dificuldade, compreender as palavras do moderno e profundo teólogo da Eucaristia Dom Anscario Vonier:

> "Os sacramentos possuem um modo de existência que lhes é próprio, uma psicologia própria, uma graça própria. Se não são seres no sentido em que um homem é um ser, ou um anjo o é, são, contudo, seres assemelhando-se muito de perto à natureza de Deus. Há, sem dúvida, em nós uma constante tendência para fazer dos sacramentos coisas facilmente classificadas sob títulos comuns a conceitos humanos; contudo, lembremo-nos de que há um modo de pensar sacramental, *sui generis,* e quanto menos antropomorfismo, ou mesmo, quanto menos "espiritualização" nele houver, melhor será para a nossa teologia"[18].

Acrescenta Dom Vonier que o mundo dos sacramentos não se revelará a nós sem um sério esforço de nossa parte para cultivarmos em nós o modo de pensar sacramental; tal esforço, porém, traz, sem dúvida, grande recompensa. Fará de nós, diz ele, "verdadeiros místicos"[19].

---

18. *The Kev to the Doctrine of the Eucharist*, London 1925 p. 36.
19. Idem, p. 41.

2 Contemplação sacramental

A verdadeira contemplação do Mistério da Eucaristia não será possível, em última análise, se não resistirmos às tentações de antropomorfismo ou "espiritualização" que nos assediam quando tentamos explicar a nós mesmos a presença real e suas consequências. O antropomorfismo, aqui, consiste, geralmente em confundir o conceito da presença natural, local ou física (como se acha presente no céu), com o da presença sacramental na Sagrada Eucaristia. A tentação da "espiritualização" é mais sutil. Ou ignora as sagradas espécies, ou não as toma, de modo algum, em consideração. Ou, ainda, considera a presença de Cristo no sacramento como sendo idêntica à presença da alma no corpo.

É verdade que estando o Corpo de Cristo presente neste sacramento à maneira de substância, está inteiramente presente em cada parte da hóstia e, ao mesmo tempo, na hóstia inteira, e isso é analógico à presença da alma no corpo. Cristo, porém, não está presente na hóstia como uma nova forma substancial. É, ainda, de máxima importância recordar que um sacramento não é algo de puramente espiritual: é sensível; o seu elemento material é, portanto, essencial à sua realidade.

Quanto mais exatas forem as nossas considerações, tanto mais facilmente poderemos evitar equívocos em relação à Presença real. Voltemos ao Concílio de Trento. Havendo dito que o Corpo de Cristo está realmente presente no Santíssimo Sacramento, e que este Corpo de Cristo é o mesmo que se acha glorioso no céu, a Igreja nos explica que não há, aqui, contradição alguma.

Não há contradição no fato de estar nosso Salvador continuamente assentado à destra do Pai, *em seu modo natural de ser,* e achar-se ao mesmo tempo, também presente em muitos lugares *sacramentalmente* em sua própria substância, num modo de ser que, embora dificilmente o possamos exprimir com palavras, é, contudo, possível a Deus[20].

Devemos aqui realçar a distinção que faz a Igreja entre a presença natural de Cristo e a sua presença no sacramento. Ambas são reais, e *igualmente reais,* contudo somente a primeira é, estritamente falando, uma presença "local". Pois é somente em suas dimensões quantitativas que o Corpo de Cristo se acha diretamente localizado – e essa localização direta se realiza no céu, mas não sobre os nossos altares, onde está presente localizado indiretamente pelas dimensões quantitativas da hóstia. Essas dimensões não são as dele, não está Ele, portanto, em contato físico imediato com as coisas materiais que o rodeiam. O contato dele conosco é espiritual e místico.

A presença de Cristo na Santa Eucaristia não é, portanto, uma presença local. Torna-se presente na hóstia não por qualquer mudança operada nele, mas por mudança que, por poder divino, Ele efetua no pão, convertendo-lhe a substância em seu próprio Corpo. A transubstanciação não é, em sentido algum, uma "produção" do Corpo de Cristo, nem uma "adução" local de sua carne. Não será tão difícil compreendê-lo se nos recordarmos que, na Última Ceia, Jesus fez exatamente a mesma coisa. Nada sucedeu à Pessoa de Cristo quando Ele pronunciou as palavras que mudaram o pão em seu Corpo. Permaneceu presente – localmente – à mesa, e tornou-se presente, sacramentalmente, no pão que

---

20. Sessão XIII, cap. 1.

mudara, pela transubstanciação, em Si mesmo e que foi tomado pelos discípulos.

Contudo, aqui se impõe uma importante distinção. Desde que os acidentes do pão que "contêm" a substância do Corpo de Cristo estão localizados, determinam a presença sacramental dele dentro dos limites do espaço que eles próprios ocupam. É assim que dizemos estar o Corpo de Cristo "no tabernáculo" ou "no ostensório" ou "na patena". Acha-se Ele, substancialmente, onde estava o pão. Repitamos, ainda uma vez, que a presença sacramental de Cristo não é menos real do que sua presença natural. Ele está tão verdadeiramente presente no Santíssimo Sacramento como está no céu; todavia, o modo dessa presença é inteiramente diverso, fato este, muitas vezes esquecido por piedosos autores que tratam da presença real como se fora apenas uma presença local levemente disfarçada. Entretanto, é uma presença de um gênero completamente diverso, único e sem paralelo na ordem natural.

Na metafísica aristotélica, uma substância material entra em contato com a realidade externa somente através dos acidentes que a completam. Ora, os acidentes próprios do Corpo de Cristo estão ocultos, por assim dizer, na Sua substância. Consequentemente, Ele não está em contato físico direto com nenhuma realidade material ou espacial, e não pode realizar qualquer ação corporal nem se submeter a sofrimento algum que implique esse gênero de contato. Quando no *Pax Domini* a hóstia é dividida, o Corpo de Cristo não é submetido a divisão e, ainda menos, ao sofrimento. Se no tabernáculo a hóstia sofre corrupção, o Corpo de Cristo permanece incorrupto. Quando os acidentes do pão e do vinho são dissolvidos dentro do comungante, o Corpo de Cristo não se dissolve. Mas, quando Ele é recebido na comunhão, é recebido – literalmente – em toda verdade porque a *substância* do seu Corpo e do seu Sangue nos é dada na comunhão.

Ao mesmo tempo, devemos nos lembrar de que a devoção cristã, na prática, nunca separa a substância de Cristo, sob as espécies sacramentais, dos acidentes do pão. O sacramento é uma unidade integral e é, também, algo de sensível. A adoração dirigida ao Santíssimo Sacramento dirige-se a Jesus Cristo, realmente presente no sacramento. O fato de seu corpo não sofrer quando os acidentes do pão são partidos não seria motivo para tratar as espécies sacramentais com descuido ou indiferença. Devem ser respeitadas por causa daquele que contêm e que, presente nelas, adoramos. Se todas as criaturas de Deus são boas e santas porque sentiram o contato de sua mão criadora, quanto mais esses humildes elementos materiais, elevados pelo poder divino à tão sublime função de desempenhar um papel instrumental na sua obra de santificação! Que reverência não deveríamos ter para com as singelas e humildes espécies que Ele se dignou tomar por sagrada veste para vir até nós como alimento de nossas almas!

Devemos, ao mesmo tempo, levar mais longe esse senso da unidade do ser sacramental. A Eucaristia não é um símbolo de algo maior do que ela própria. Não é mero "sinal" do Corpo de Cristo, *é* o Corpo de Cristo. Jamais se poderá repeti-lo demasiadamente.

Daí não precisarmos forçar nossas mentes ou nossa imaginação para vermos *através* do sacramento. A contemplação Eucarística não é um jogo de esconder e achar em que, se encontrarmos a fórmula secreta de oração, poderemos retirar o véu do Cristo oculto. Esse engano é prejudicial às nossas almas e não rende verdadeira homenagem ao Santíssimo Sacramento. Implica, de fato, uma noção fundamental falsa, quanto àquilo que o sacramento é, pressupondo tratar-se de um ser que oculta outro ser; e essa outra realidade seria a presença natural de Cristo. De moldo algum! Como o declara Santo Tomás: "Acha-se nosso olho corporal impedido, pelas espécies sacramentais, de ver o Corpo de Cristo que debaixo delas existe, não apenas porque o encubram (como quando não podemos ver o que se acha oculto atrás de um véu), mas porque o Corpo de Cristo não está em relação com o ambiente que envolve esse sacramento por intermédio dos acidentes que lhe são próprios, e sim por meio das espécies sacramentais"[21].

Acrescenta Dom Vonier que os sacramentos da Nova Lei de modo algum são os "frágeis e humildes elementos" desdenhados por São Paulo; isto é, véus encobrindo realidades mais altas. "Nada velam, mas são, em si mesmas, realidades completas, existindo de pleno direito... Nada há semelhante aos sacramentos no céu e na terra, e seria diminuí-los muito em seu caráter considerá-los simples véus de realidades espirituais mais substanciais"[22].

Diz, ainda, que os sacramentos não desempenham o papel de substitutivos, e que a presença sacramental de Cristo não é uma capa sob a qual se encubra sua presença natural.

---

21. *Summa Theologica III*, q. 76, art. 7, ad 1.
22. Op. cit., p. 36.

Dom Vonier aponta para o fato de que, se Cristo estivesse presente de modo natural sobre o altar no momento da consagração, o sacramento estaria privado de sentido, de verdade e da razão de existir. É precisamente para salvaguardar a verdade e o mistério do sacramento que Cristo está presente sob as aparências do pão e não com a sua presença natural. Deve sua presença ser tal que seja *essencialmente invisível,* transcendendo todas as potências de nossos sentidos interiores e exteriores, acessível *somente à nossa fé.* "Pode-se, com razão, dizer que a própria condição da presença sacramental é transcender toda visão e toda experiência até de ordem mais elevada, porque não há no homem, ou nem mesmo no anjo, poder algum de percepção que corresponda àquele estado de ser que é propriamente sacramental"[23].

Aqui, Dom Vonier parece concordar com os teólogos tomistas que sustentam que mesmo um milagre não seria capaz de nos dar a perceber o verdadeiro Corpo de Cristo neste sacramento, com os olhos da carne, simplesmente porque não há meio algum pelo qual uma substância possa ser vista por nossos olhos. Devemos contemplá-lo com os olhos do espírito, iluminados por amorosa fé.

3 A alma de Cristo na Eucaristia

Vimos que o Corpo de Cristo está presente pelo poder contido nas palavras da consagração, e a alma e a divindade por concomitância. Essa distinção, embora importante, não nos deve levar a introduzir uma divisão da Pessoa de Cristo, sacramentalmente presente na Eu-

---

23. Op. cit., p. 33.

caristia. A alma e a divindade de Jesus não estão simplesmente em segundo plano, de maneira latente, inerte e mais ou menos abstrata. Neste sacramento do seu amor, Cristo está presente com todas as suas potências e capacidades dispostas a agir e operar com todas as ações e "paixões" (no sentido metafísico) que pertencem à sua vida glorificada, no céu. Há somente uma exceção a assinalar. Desde que o Corpo de Jesus não está em relação com a realidade material por contato de dimensões quantitativas, neste sacramento Ele não exerce suas faculdades sensitivas, pelo menos de um modo natural. Não nos vê com os olhos corporais. Mas, afinal, não necessita fazê-lo, pois que a visão divina que possui, ilumina-lhe a mente com um conhecimento de todos nós muito mais profundo e íntimo do que possamos imaginar.

No tabernáculo, Cristo nos vê e nos conhece de maneira muito mais nítida do que nos vemos a nós mesmos. O conhecimento que de nós existe no Cristo sacramentado, que recebemos na comunhão, é um conhecimento que Ele já possui das próprias profundezas do nosso ser. Portanto, Jesus no Santíssimo Sacramento não nos perscruta examinando-nos friamente como se fôssemos objetos, seres dele muito remotos, conservando ainda alguns traços enigmáticos. Conhece-nos em Si mesmo, como seus "outro eu". Conhece-nos subjetivamente como se fôssemos uma extensão – o que de fato somos – da sua própria Pessoa. Esse conhecimento por identidade é o que vem, não apenas da ciência, mas do amor. A psicologia moderna forjou a palavra "empatia". É o conhecimento que se tem de outro "por dentro", por uma simpatia que se projeta e vive as experiências desse outro tais quais se lhe apresentam. Mas essa empatia humana é, ainda, algo de incerto e remoto que não consegue vencer a distância que existe entre dois espíritos distintos. A "empatia" de que somos alvo por parte de Cristo, com a qual Ele nos compreende, procede das profundezas do nosso próprio ser e é tão profunda que, se quisermos saber a verdade a nosso respeito, temos de procurá-la nele no momento da Santa Comunhão. Pois Cristo é o nosso mais profundo e íntimo "ser", nosso ser mais alto, nosso novo ser como filhos de Deus. É isso que significa para nós dizer com São Paulo: "Viver para mim é o Cristo" (Fl 1,21). A paz que desabrocha nas profundezas de nossa alma, o silêncio espiritual, o repouso, a segurança e a certeza que recebemos na comunhão com a consciência da presença dele é um sinal de que abrimos a porta que dá acesso ao santuário íntimo do nosso ser, o lugar secreto onde nos unimos a Deus. É este o "aposento" no qual devemos entrar quando oramos ao Pai em segredo (Mt 6,6). Na verdade, só aquele que nos ensinou que esse é o lugar onde devemos nos retirar para orar é quem no-lo pode abrir.

Aos olhos humanos, o Cristo no Santíssimo Sacramento pode parecer inteiramente inerte e passivo. Contudo, é Ele quem nos chama à comunhão pela ação das inspirações interiores e secretas, porque sabe que precisamos desse alimento místico. Quando recebemos a sagrada hóstia é não só porque temos o desejo de receber a Cristo, mas também, e sobretudo, porque Ele, neste Sacramento, deseja dar-se a nós. Nas palavras de Santo Ambrósio: "Vieste ao altar? É o Senhor Jesus que te chama... dizendo-te "Deixai-o beijar-me com um beijo de sua boca"... Ele te vê livre de pecados, pois foram apagados. Portanto, julga-te digno dos sacramentos celestes e por isso te convida ao banquete celestial"[24].

---

24. SANTO AMBRÓSIO. *De Sacramentis*, V, 2-5, 6.

A caridade de Cristo que lhe impulsiona a vontade, oculta na Santa Eucaristia, é o mesmo infinito amor que tem por todos os homens e que os atrai pela graça do Espirito Santo, à união com o Pai no Filho. Esse amor, dizemo-lo mais uma vez, não é apenas uma caridade universal que abraça a todos, sem exceção, mas atinge igualmente a cada um no inescrutável ocultamento da sua própria e singular individualidade. Assim como Cristo, na cruz, *me* amou e se entregou por *mim* (Gl 2,20), assim, também, Ele *me* ama e vem a *mim* no Santíssimo Sacramento. Quando se vê unido a mim na comunhão, de modo algum se admira de saber que sou um pecador. Já o sabia; e me amou tal qual sou. Vem a mim porque é sempre o amigo, o refúgio e o Salvador dos pecadores. De minha parte, devo fazer todo o possível para corresponder ao seu amor, mesmo se não sou digno desse amor. E o melhor modo de a Ele corresponder é crer na sua inexprimível realidade e agir de acordo com minha crença.

A ação do Santíssimo Sacramento sobre a minha alma no momento da comunhão é, como veremos, a ação da energia divina e espiritual que reside no Corpo de Cristo. Essa energia espiritual é, antes de tudo, luz divina e, em seguida, caridade perfeita. Irradia-se do Corpo de Cristo que recebemos na comunhão, e penetra todo o nosso ser transformando-nos e divinizando-nos pelo seu poder. A ação dessa energia sobrenatural que se irradia do Corpo transfigurado e glorificado de nosso Salvador não se exerce, todavia, sem a moção da vontade de Cristo. A graça que recebemos pelo contato com Ele é uma graça que Ele quer que recebamos e ela se derrama com uma generosidade proporcionada ao amor pessoal que Jesus tem por nós e ao seu íntimo conhecimento de nossas necessidades. Aqui, mais do que em qualquer outro lugar podemos dizer, em toda a verdade, que recebemos as graças de acordo com a medida estrita do dom de Cristo (*secundum mensuram donationis Christi*, Ef 4,7).

Neste sacramento, o Amor de Cristo aumenta a nossa capacidade de receber a graça e nos move a produzir atos de uma caridade mais fervorosa e espiritual. É por uma moção da vontade de Cristo que recebemos o Espírito Santo que, como diz Scheeben, é o fogo espiritual que prorrompe, com ímpeto, do Cordeiro imolado, na Eucaristia. Temos aqui alguns textos em que esse grande teólogo do século XX nos dá a própria medula da doutrina dos Santos Padres.

> No estado glorioso em que se acha, o Corpo de Cristo é, por assim dizer, o trigo que vive pelo poder do Espírito Santo; na Eucaristia é o pão cozido pelo fogo do Espírito Santo, por onde esse divino Espírito confere a vida a outros. A carne de Cristo dá vida [...] pelo Espírito, energia divina que nela reside. "A carne do Senhor é espírito vivificante", diz Santo Atanásio, "porque foi concebida do Espírito vivificador. Aquilo que nasce do Espírito é espírito [...]". Ora, o Cordeiro de Deus, imolado desde o princípio do inundo ante os olhos de Deus, se deve manter diante de Deus como eterno holocausto ardendo no fogo do Espírito[25].

A vontade humana de Cristo, Salvador do mundo, perfeitamente unido para sempre à vontade de Deus Pai neste Sacrifício, produz cada movimento pelo qual o Espírito Santo procede no íntimo de nossos corações atraindo-nos à união com o Logos. Por sua vez, o Espírito desperta em nosso coração uma profunda e mís-

---

25. SCHEEBEN. *The Mysteries of Christianity*, p. 515, 517, 518.

tica correspondência à ação do Verbo Encarnado que recebemos na comunhão. O Espírito Santo nos revela a realidade da presença de Cristo e a imensidão do seu amor por nós. O Espírito Santo abre o ouvido secreto, íntimo, do nosso espírito de maneira a que possamos distinguir os puros acentos da voz de Cristo, o Homem-Deus, que fala no interior de nossas almas, que uniu tão intimamente à sua. E, por nossa correspondência a essa moção do Espírito de Deus enviado aos nossos corações pela ação do amor pessoal de Cristo por nós, unimos plenamente nossa vontade à dele, nosso coração ao seu Sagrado Coração e nos tornamos "um espírito" com Ele, conforme a palavra de São Paulo: "Aquele que está unido ao Senhor é um espírito com Ele" (1Cor 6,17). O Pai, então, ao nos contemplar não vê senão a Cristo, seu Filho muito amado no qual põe as suas complacências.

Vimos que é por um ato de sua própria vontade que Cristo, pelo milagre da transubstanciação, se torna presente na hóstia consagrada. Scheeben nos diz ser esta a única razão pela qual Cristo quer tornar-se presente na Eucaristia: "Para poder se unir a cada homem na comunhão e fazer com ele um só corpo... para poder tornar-se homem em cada homem pela união da natureza humana de cada um com a dele"[26]. É, portanto, claro que, neste sacramento, Cristo vem a cada um de nós com o mais ardente e pessoal amor, e que nossa recepção da Sagrada Eucaristia não tem sentido se não implica um reconhecimento deste amor e num desejo sincero de nos darmos a Ele como Ele se dá a nós, pela união da nossa vontade à dele, na mais pura caridade.

---

26. Op. cit., p. 486.

Não somente a inteligência divinamente iluminada e a vontade de Cristo se acham vivas e ativas neste sacramento, mas, igualmente, a sua memória. E, aqui também, nos achamos em presença de uma ação que transcende tudo o que podemos imaginar pela própria experiência. Lembremo-nos de que a missa torna presente para nós o Sacrifício do Calvário. Jesus não precisa de nenhum mistério sacramental para tornar presente a si mesmo o Calvário. A missa não é para Ele, como para nós, "memorial" da Paixão, pois, em virtude da união hipostática, Cristo vê atualmente, como via então, todas as coisas e todas as épocas como presentes à eternidade de Deus. Consequentemente, embora Ele reine, agora, glorioso e impassível no céu, contudo, a Paixão lhe está presente. Mas, igualmente, – e isso é ainda digno de ser recordado por nós – a missa nos dá *Cristo em sua Paixão.* Quer isso dizer que nós, que assistimos a missa e o recebemos na comunhão, lhe estamos presente na sua Paixão. As profundezas de nossa alma com todos os nossos pecados, fraquezas, limitações, sofrimentos e provações acham-se escancaradas ao olhar da mente de nosso Salvador em Getsêmani e na cruz. Aquilo que no presente somos, nossas disposições e fragilidade, nossos bons e maus desejos, achavam-se, todos, vivamente presentes, então, ao seu espírito. Baseado nessa verdade esmagadora, podia o Papa Pio XI declarar que por nossos esforços para amar a Cristo no momento presente e, sobretudo, por nosso desejo de consolar o Redentor por meio de comunhões reparadoras, podemos crer que, de fato, o consolamos na sua Paixão há dois mil anos. "Pois, se por causa de nossos pecados, então futuros mas previstos, a alma de Cristo (na agonia) se tornou triste até à morte, não há dúvida de que, naquela hora, ele tenha, também, recebido não pouca consolação pelos atos de reparação, igualmente previstos, quando o anjo vindo do céu lhe apareceu para consolar-lhe o coração oprimido pela angústia e a dor" *(Miserentissimus Redemptor,* 8 de maio de 1928).

Isso nos obriga – para podermos compreender devidamente a Santa Eucaristia – a fazer uma distinção necessária. Deixar de fazê-la cria para teólogos, pregadores e homens de oração, confusão e dificuldades. E, ainda pior, leva-os, por vezes, a discussões inúteis e incompreensões mútuas. Isso porque alguns parecem pensar que o Cristo da Eucaristia é apenas o Cristo glorificado que reina no céu, e outros falam como se Ele fosse somente o Cristo do Calvário. Ora, na realidade, Ele, é, ao mesmo tempo um e outro.

A substância do Corpo de Cristo tornado presente pelas palavras da Consagração é a substância viva, real do Corpo com que Cristo está naturalmente premente no céu. É, portanto, a substância de um corpo glorificado. Não é um corpo morto, crucificado, nem mesmo um corpo que sofre, dotado de vida mortal. O Cristo da Eucaristia é imortal. Temos aqui o Corpo do Rei da Glória.

Contudo, devemos lembrar-nos de que há na missa uma dupla consagração. As espécies do pão e do vinho são consagradas separadamente, de modo que o Corpo de Cristo está presente sobre o altar separado, misticamente, do seu Sangue. É em virtude desta separação que Cristo é imolado e oferecido ao Pai em estado de vítima. Daí se segue que o Corpo glorificado de Cristo é colocado misticamente, sem nenhum sofrimento, sem qualquer mudança física em seu ser, na mesma condição em que expiou, na cruz, os pecados do mundo. Na missa, por conseguinte, é Cristo crucificado que se acha presente sobre o altar. É o Cristo que sofreu por nós, *Christum passum,* que oferecemos ao Pai e não o Cristo glorioso, embora seja o Corpo glorioso de Cristo que está colocado sobre o altar, em estado de imolação. Que distinção é essa? Cristo Rei e Sumo Sacerdote, reinando na glória, atuando através da pessoa de seu ministro, para esse fim consagrado, torna presente sua Carne e seu Sangue glorificados sob os véus sacramentais. O Corpo que está presente é o Corpo verdadeiro e vivo de Cristo na glória. Essa é a presença real efetuada pela transubstanciação.

Entretanto, além dessa presença sacramental real efetuada pelas palavras da consagração, há também a presença de Cristo crucificado, efetuada pela separação simbólica do Corpo e do Sangue do Senhor. Presente pela transubstanciação em seu Corpo glorificado, acha-se presente como "crucificado" num rito representativo. E é a essa segunda presença que poderíamos chamar mais adequadamente uma presença "no mistério", servindo-nos da palavra mistério não meramente no sentido de algo incompreensível, mas no antigo sentido de uma ação divina manifestando a intervenção, no mundo do espaço e do tempo, do Deus eterno a fim de unir a si os homens.

Os teólogos discutem sobre se essa presença de Cristo no mistério é a presença do Cristo que sofreu *(Christus Passus),* ou mesmo, mais estritamente, a da Paixão de Cristo *(Passio Christi).* Entre os que afirmam estar presente a Paixão, declaram alguns que o está "antes como uma "real eficácia" do que como uma "realidade eficaz". Dom Casel, entretanto, diz que na missa a Paixão de Cristo se torna presente num sentido real, supratemporal e objetivo e que o rito do mistério torna a obra de nossa Redenção presente não somente em seus efeitos mas em sua substância[27]. O sacrifício da Eucaristia não é um outro ato de Cristo que repete a sua imolação na Cruz, nem mesmo é uma repetição desse ato: é o próprio ato, antecipado na Última Ceia e perpetuado em nossos altares e, até, acrescentaria Casel, na administração dos outros sacramentos.

Seja qual for a conclusão final da Igreja nessa discussão entre teólogos, todos devem concordar com o Papa Pio XII quando declara na *Mediator Dei* que, na missa, o "sacrifício do Redentor se apresenta de modo admirável por sinais externos, símbolos de sua morte", e que a "sagrada Eucaristia é a culminância e o centro da religião cristã", devendo todos ter consciência de que o principal dever e a maior dignidade de cada um é poder participar, através do Mistério da Eucaristia, do sacrifício redentor de Cristo na Cruz.

Conquanto, em tempos modernos, tenha a Santa Sé decretado que as hóstias devem trazer impressas a imagem do Crucificado, é evidente não haver necessidade de tal representação para estimular a devoção de um sacerdote que possua um senso elementar do sentido dos ritos sagrados.

Não existe, na liturgia, ato simbólico que seja tão claro, tão simples, tão eloquente ou tão literal quanto o da separação sacramental do Corpo e do Sangue de Cristo sobre o altar, na missa. Aqui, a severidade da liturgia se vê transfigurada por sua própria simplicidade, de modo que vemos diante de nós, sobre o altar, a sublime sobriedade de Cristo. A eloquência desse rito for-

---

27. Cf. DEKKERS, Dom Elói. *La Maison Dieu*, 14.

midável, mas silencioso, é a própria eloquência com que Deus, com as mais simples palavras humanas e com as coisas humanas mais comuns e ordinárias, instituiu o sacramento que nos abre as portas do céu. *O salutaris hostia, quae caeli pandis ostium!*

Consequentemente, embora seja Cristo na Eucaristia o Cristo total, Cristo vivo e glorificado, com tudo que possui e tudo que é – corpo e alma, homem e Deus – temos, todavia, no sentido mais próprio e particular da Eucaristia, Cristo crucificado, Cristo Redentor. A própria presença dele nos fala nas palavras de São Paulo, que assim nos adverte: "Sede, pois, imitadores de Deus, como filhos amados e tomai o caminho da caridade, como Cristo vos amou e se entregou por nós em oblação e sacrifício a Deus, em suave odor" (Ef 5,1).

Claro está que, se o Corpo e o Sangue de Cristo aqui se tornam presentes a nós num estado de imolação, a alma de Jesus está igualmente presente de modo todo particular com aquelas disposições com que se imolou por nós. Na missa, temos diante de nós o mesmo Cristo Senhor: "Ele, subsistindo na condição de Deus, não entendeu reter para si o ser igual a Deus. Mas despojou-se a si mesmo, tomando a condição de servo, feito semelhante aos homens. E sendo reconhecido no exterior como homem, humilhou-se feito obediente até à morte, até à morte da cruz" (Fl 2,5-8).

Se nos queremos unir do modo mais perfeito ao sacrifício de Jesus, temos de nos esforçar o mais possível para nos unirmos a essas disposições de sua alma. É esse um dos temas principais da *Mediator Dei*.

Citando Santo Agostinho, Pio XII declara nessa encíclica que, no sacramento do altar, "a Igreja vê que naquilo que oferece, ela própria é oferecida"[28]. Entretanto, para que a missa e os sacramentos possam atingir em plenitude, nas almas dos fiéis, os efeitos que lhe são próprios, deve cada qual se esforçar pessoalmente para dispor interiormente o seu coração de maneira a uni-lo ao Coração de Cristo. "É necessário, para que a oblação pela qual os fiéis ofereçem a vítima divina neste sacrifício... tenha pleno efeito, que eles acrescentem... a oferenda de si mesmos como vítimas" *(Mediator Dei)*. Que significa isso? Significa, em primeiro lugar, que, "em cada um, a fé deve estar pronta a agir pela caridade", que a piedade se torne mais fervorosa e real, e, finalmente, que cada um não só participe do desejo ardente de Cristo pela glória do Pai, mas ainda venha a se assemelhar a Ele o mais intimamente possível na paciência, na mansidão, na obediência, na humildade e no amor com que Jesus suportou os piores sofrimentos.

Esses esforços de cada cristão no sentido de reproduzir as virtudes e disposições de Cristo não têm o seu termo na perfeição moral do próprio indivíduo. Devemos sempre lembrar-nos de que não nos santificamos como unidades isoladas, mas como membros de um organismo vivo: a Igreja. Somos santificados como "membros uns dos outros". O crescimento de cada um nas virtudes de Cristo contribui eficazmente para aperfeiçoar na Igreja a sua semelhança com Cristo e sua união com o divino Esposo. Não se trata, portanto, de uma *imitação* individual do divino Redentor, aperfeiçoando, deste modo, cada um, a sua própria vida, mas trata-se sobretudo de Cristo a viver cada vez com maior perfeição em sua Igreja, em virtude do fato de que o Espírito Santo se

---

[28]. *A Cidade de Deus*, X, 6.

apossa cada vez mais profunda e plenamente de cada um dos membros unindo-os de modo cada vez mais perfeito entre si e a Cristo.

Todas as virtudes de Cristo crucificado devem, portanto, reproduzir-se no fiel com uma orientação particular: devem estar dirigidas à união dos fiéis em Cristo. A paciência do Redentor deve se manifestar em nossa vida, não apenas porque nos suportamos uns aos outros, mas porque nos perdoamos mutuamente *a fim de estarmos mais intimamente unidos a Cristo*. A caridade de Jesus deve arder em nossos corações, não apenas para que sejamos individualmente mais perfeitos, mas também de maneira a que possamos participar mais plenamente, com nossos irmãos, e até com nossos inimigos, da paz e da alegria de Cristo Ressuscitado. Devemos dirigir nossa humildade, não meramente no sentido de ornamentar nossa alma com a beleza espiritual que essa virtude produz em nós, mas sobretudo deve estar orientada no sentido de nos manter firmemente unidos aos nossos irmãos e superiores no vínculo da paz. O mesmo se aplica à nossa obediência, nossa longanimidade, nossa mansidão, nossas esmolas, nossa misericórdia e tudo mais. Tudo está ordenado à edificação do Corpo de Cristo.

Podemos facilmente aprender dos textos da Epístola aos Hebreus, que o descrevem como Sumo Sacerdote e Vítima do único Sacrifício verdadeiro, quais as disposições com que a alma de Cristo está presente sobre o altar no Santíssimo Sacramento. É sobretudo fiel a Deus (Hb 3,2). Mas é, também, fiel a seus escolhidos, "à sua casa", e "a sua casa somos nós, se retivermos firmemente até o fim a confiança" (Hb 3,6). Cristo "entrou no descanso" (Hb 4,10); contudo, vê-nos a todos, pois "não há coisa criada que seja oculta na sua presença, antes todas são nuas e manifestas aos olhos daquele a quem havemos de dar conta" (Hb 4,13). Não nos considera com o olhar frio e crítico de um severo juiz; pois "nosso Pontífice não é tal que não possa compadecer-se das nossas fraquezas, antes, em tudo foi tentado à nossa semelhança, afora o pecado" (Hb 4,15). É humilde em seu sacerdócio (Hb 5,5) que é perfeito e eterno, e definitivo o seu poder de salvar os que por Ele se aproximam de Deus. Acima de tudo, "Ele sempre vive para interceder por eles" (Hb 5,5). É, de certo, "santo, inocente, sem mácula, separado dos pecadores e mais alto do que os céus" (Hb 7,26). Isso é necessário, pois "se Ele estivesse sobre a terra, não poderia ser sacerdote" (Hb 8,4). Oferecendo, no céu, o seu Sangue por nós, conserva para sempre as disposições que o salmista dele prenunciara e que tornaram obsoletos os sacrifícios infrutíferos da Antiga Lei: são as mesmas disposições com que se ofereceu no Calvário: "Não quiseste sacrifícios nem oblações, porém deste-me ouvidos abertos. Não exigiste holocaustos nem vítimas de expiação. Por isso digo: Eis-me aqui! No volume do livro está escrito o que me incumbe; fazer tua vontade, ó Deus, é meu prazer" (Sl 39,7ss.).

Essa obediência perfeita à vontade do Pai é o que há de mais íntimo – o âmago – do Sacrifício de Cristo e do nosso. "Em virtude desta vontade nós somos santificados pela oblação do corpo de Jesus, uma vez para sempre" (Hb 10,10). Daí não haver mais, aqui na terra, necessidade de sacrifício cruento ou de qualquer outro além daquele que foi oferecido uma vez para sempre por Cristo, "pois onde há remissão já não há oblação pelo pecado" (Hb 10,18). E, por fim, esses versículos, de todos os mais belos:

> Havendo (Jesus) oferecido nos dias de sua vida mortal orações e súplicas com grande clamor e lágrimas Àquele que o podia salvar da morte, Ele foi atendido por causa do seu reverencial temor. E, embora fosse Filho, pelos seus padecimentos aprendeu a obediência e, por ser consumado, veio a ser, para todos os que lhe obedecem, causa de salvação eterna (Hb 5,7-9).

Temos aqui em poucas palavras o retrato do Redentor que se torna presente sobre o altar, na missa, em seu único e perfeito sacrifício. Temos, igualmente, o modelo a que nos devemos conformar ao nos unirmos a ele. Pois, ao nos aproximarmos do altar, é-nos recordado, pelos próprios atos que desempenhamos, que devemos obedecer a Cristo como Ele obedeceu ao Pai, porque assim como o Pai enviou o Filho ao mundo, assim, também, Jesus nos envia (Jo 17,18).

Baste-nos o que aqui ficou dito sobre o significado especial da Eucaristia como memorial da Paixão de Cristo. Há, porém, muito mais ainda do que isso, porquanto a Eucaristia tem, em comum com os outros sacramentos, uma tríplice significação que toca não somente o presente e o passado, mas se estende, também, ao futuro. Damos as palavras de Santo Tomás:

> Em termos apropriados, o sacramento é um sinal de nossa santificação no qual podemos considerar três aspectos: em primeiro lugar, a Paixão de Cristo, que é a causa de nossa santificação; em seguida, a forma de nossa santificação que consiste na graça e nas virtudes, e, ainda, o fim último de nossa santificação que é a vida eterna[29].

---

29. *Summa Theologica*, III, q. 60, a. 3.

Daí termos, no Sacramento da Eucaristia, o Corpo de Cristo diante de nós, em primeiro lugar como causa de nossa santificação, desde que Ele se acha num estado de mística imolação que torna presente o Sacrifício redentor do Calvário. Em seguida, temos o Corpo de Cristo como "forma" da graça presente que é o efeito da Paixão – e de que trataremos mais adiante. Temos, finalmente, presente o Corpo de Cristo como fonte de nossa futura bem-aventurança no céu. Pois este Corpo oculto no sacramento é o foco de luz e glória que, pela moção da vontade de Cristo e do seu amor por nós, nos há de comunicar a visão de Deus.

Vemos, portanto, que nesse inefável mistério do amor de Deus, podemos, em toda verdade, ter um antegozo de nossa felicidade no céu, desde que na comunhão recebemos Aquele que é a própria fonte e substância de nossa beatitude em Deus. Quando, após a missa nos ajoelhamos em ação de graças, como não ouvir em nossos corações algum eco longínquo da voz que um dia nos dirá, se lhe formos fiéis: "Vinde, benditos de meu Pai, tomai posse do reino que vos foi preparado desde o princípio do mundo" (Mt 25,34). Possuir o céu é possuir a glória de Cristo. Na comunhão (e na realidade, esse é um dos efeitos mais notáveis e, ao mesmo tempo, menos apreciados da comunhão), Cristo se dá a nós em seu Corpo e em sua alma glorificados, e, em sua divindade, para ser a nossa felicidade. Não o possuímos, ainda, na clara visão, mas apenas pela virtude da esperança. Daí a importância de nos acercarmos da mesa da comunhão com corações purificados, não só de nossos pecados e apegos, mas, também de ideias demasiadamente rasteiras e materiais em relação à felicidade, que empanam a perfeição da nossa união com Ele.

É, igualmente, de grande importância que, para purificarmos o coração e nos integrarmos mais perfeitamente na alegria da comunhão a Cristo Ressuscitado, nos esforcemos para nos libertar das estreitas limitações de uma piedade individualista que considera a comunhão como um refúgio contra as tribulações e penas da vida comum. Tal atitude acaba por nos separar, espiritualmente, do Corpo Místico. Há um infantilismo inconsciente e irreconhecido que leva algumas almas piedosas a considerar a comunhão unicamente como fonte de consolação pessoal. Seu encontro com Cristo eucarístico é encarado somente como uma ocasião de mergulharem na obscuridade dulçurosa do próprio subjetivismo para descansar no esquecimento de tudo mais.

É, realmente, verdade que a comunhão nos eleva acima das preocupações e perturbações da vida cotidiana. É igualmente certo que Cristo na Eucaristia nos comunica a paz e uma tranquila iluminação do espírito que elevam a mente acima do nível dos conceitos e das imagens, deixando-a repousar como que na luminosa treva do entendimento espiritual. Entretanto, esse "sono" místico do espírito verdadeiramente iluminado é, na realidade, a vigilância da alma madura e perfeita que encontrou a Cristo e, ao mesmo tempo, viu a multiplicidade reduzida, nele, à unidade. Isso outra coisa não é senão a apreensão da sublime realidade objetiva que nos faz, todos, um só em Cristo. Contudo, fazer da comunhão um refúgio contra a realidade e a responsabilidade social, contra o sofrimento que resulta do fato de sermos uma pessoa madura, é na verdade afastar-se de Cristo para mergulhar na obscuridade e inércia do nosso subjetivismo.

A comunhão não é uma fuga da vida; não é um evadir-se à realidade, A comunhão é a plena aceitação de nossas responsabilidades de solidariedade com Cristo e da entrega total de nós mesmos à vida e ao ideal do Corpo Místico de Cristo.

Na comunhão eucarística, a suprema consolação se acha na esperança que possui – no mistério – a plenitude da glória de Cristo que um dia será revelada na Igreja. Desde que a Eucaristia significa não só o verdadeiro Corpo de Cristo, mas também o seu Corpo Místico, há portanto, também, três presenças do Corpo Místico na missa: primeiramente participa da Paixão de Jesus; em segundo lugar, partilha da graça que Ele derrama sobre esse Corpo para santificá-lo, e, finalmente, todo o Corpo místico se acha presente na missa em antecipação da glória futura, em virtude da esperança que anima a Igreja toda e a move a exclamar como faz no final do Apocalipse: "Vem, Senhor Jesus".

> E vi um céu novo e uma terra nova, porque o primeiro céu e a primeira terra haviam desaparecido; e o mar já não existia. E vi a cidade santa, a nova Jerusalém, que descia do céu do lado de Deus, ataviada como uma esposa que se enfeita para o seu esposo. Ouvi uma grande voz do trono que dizia: Eis aqui o Tabernáculo de Deus entre os homens, e ele erigirá o seu tabernáculo entre eles, e eles serão os seus povos e o próprio Deus estará com eles, e enxugará as lágrimas dos seus olhos, e a morte não existirá mais, nem haverá luto, nem pranto, nem fadiga, porque tudo isso já passou (Ap 21,1-4).

IV

Eu sou o caminho

1 Nossa viagem para Deus

Toda ação sacramental realizada pelo Verbo Encarnado na Igreja e com ela é uma intervenção direta e sobrenatural de Deus nas coisas do homem e do tempo. A palavra "intervenção" não é suficientemente forte para expressar de que maneira os movimentos e as orientações da vontade humana são arrebatados para fora da esfera que lhes é própria, por uma ação que é de natureza inteiramente diversa e de orientação completamente diferente. O Logos não insere, apenas, sua ação no movimento do tempo, dando-lhe novo sentido. Faz muito mais do que emprestar uma influência externa a algo que já se acha no ato de atingir o seu fim. Tampouco atravessa o curso da história imprimindo-lhe uma direção que contenha inesperadas implicações. A Sagrada Escritura que nos revela aquilo que é característico da ação sobrenatural de Deus no mundo, em relação à salvação dos homens, sempre o expressa em linguagem figurada porque, estritamente falando, essas intervenções divinas são mistérios que escapam à capacidade de compreensão contida nos conceitos humanos. Contudo, embora esses mistérios se achem situados além dos limites das ideias e dos raciocínios que deles fazemos, estão muito perto de nós, muito acessíveis, sendo concretos e tangíveis em toda a sua realidade espiritual. Entram, de fato, na própria substância de nossa vida cotidiana. Embora a mais sublime teologia não possa explicar plenamente o mistério pelo qual Deus se dá ao homem na Eucaristia, a realidade de nossa união com Ele é algo que pode ser experimentado e, até certo ponto, apreciado em sua pureza espiritual pela mente de uma simples criança. Santo Tomás o explica aplicando ao Ofício da festa do Corpo de Deus um texto do Antigo Testamento: "Qual é a nação que possui deuses tão próximos como perto de nós está o nosso Deus!"

A fé é a porta que leva a essa experiência das realidades espirituais: a fé, que começa com conceitos mas os transcende e penetra a treva luminosa que se acha não apenas "além" dos conceitos, mas, também, por assim dizer, do lado de cá do conhecimento conceitual. É a treva inefável da realidade a que estamos demasiadamente habituados, e por demais íntima para ser analisada. Experimentamos as coisas de Deus de modo muito parecido com o que experimentamos nossa própria realidade íntima. Nós o descobrimos de maneira muito semelhante ao que acontece quando descortinamos as profundezas insuspeitas do nosso ser profundo. Vindo os sacramentos a existir, movendo-se e agindo entre nós por um movimento e uma ação que se acham a meio caminho entre o criado e o divino tocam de leve, com o seu simples significado, os nossos sentidos, libertando nas profundezas de nossa alma o fogo secreto de Deus. Desaparecidos os sinais sacramentais, deixam-nos na posse de realidades que não podem ser plenamente explicadas em linguagem humana. Mais que isso; deixam-nos profundamente modificados pelo contato dessas realidades. Como a coluna de fogo que conduzia os israelitas para fora do Egito na escuridão da noite, como a coluna de nuvens que os guiava durante o dia, as graças sacramentais nos levam deste mundo ao deserto através do qual devemos viajar para alcançar a Terra Prometida. Por seus sacramentos, Deus nos faz passar o Mar Vermelho que divide o mundo da carne do mundo do espírito. Por seus sacramentos, Ele nos conduz através do deserto espiritual em que devemos ser purificados e formados, tornando-nos seu povo eleito. Em seus sacramentos, o Senhor nos dá um antegozo da paz que haveremos de desfrutar quando alcançarmos a Terra onde corre o leite e o mel. Terra de júbilo espiritual e de contemplação, em que, libertados dos elementos fracos e da indigência desta vida, vivemos inteiramente do espírito, e somos um com Deus em Cristo.

Entretanto, jamais nos deveremos esquecer deste paradoxo: somos "retirados deste mundo" enquanto nele permanecemos. Nossa viagem para o deserto não é uma viagem espacial, mas espiritual. Jesus não ora para que sejamos retirados fisicamente do mundo (Jo 17,15), mas para que possamos, permanecendo no mundo, sermos guardados do mal. Embora permaneçamos no mundo, não somos "do mundo", desde que somos um com Cristo, que não pertence ao mundo (Jo 17,14), e que recebemos o seu Espírito que "o mundo não pode receber porque nem o vê nem o conhece" (Jo 14,17). Essa vida em espírito e em verdade, vida em Deus, que vivemos enquanto permanecemos no mundo, não diminui nosso gosto pela realidade da criação com que Deus nos cercou. Pelo contrário, torna tudo isso mais real para nós porque vemos, agora, todas as coisas comuns, criadas, numa nova luz. Nós as vemos, conhecemos e amamos em Cristo. Vemo-las em Deus e, por causa dele, as amamos e sabemos que "toda criatura de Deus é boa, pois é santificada" em Cristo (1Tm 4,4) e tem, na realidade, nele e por Ele, existência. Porque "tudo subsiste nele" (Col 1,17).

Por conseguinte, nossa libertação do poder de Faraó e do Egito não é uma evasão de um universo material considerado mau, e sim a fuga da ilusão, da cegueira e do mal, que se achavam em nossos próprios corações e nos tornavam incapazes de ver e apreciar o bem que se encontra no mundo e mesmo o bem real que temos em nós.

Cristo nos liberta de nós mesmos a fim de que nos possamos encontrar nele. Nossa viagem até Ele é uma viagem às profundezas de nossa própria realidade e à realidade que nos cerca. São Bernardo diria: *Usque ad teipsum occurre Deo tuo*[30]. Em tradução livre, quer isso dizer que, se quisermos encontrar o nosso Deus, devemos primeiro descobrir o nosso verdadeiro eu.

Toda a economia sacramental em que Deus intervém no mundo de maneira a "separar" ou "santificar" para si seu povo eleito acha-se expressa na misteriosa imagem do livro da Sabedoria, na qual a Igreja vê uma figura da Encarnação: "Quando tudo repousava num profundo silêncio, e a noite estava no meio do seu curso, a tua palavra onipotente, do céu do teu trono real, saltou de improviso no meio da terra condenada ao extermínio, como um inflexível guerreiro... e estando de pé sobre a terra, chegava até ao Céu" (Sb 18,14-15).

---

30. SÃO BERNARDO. *Sermão 1 para o Advento* n. 10.

Essa descrição do anjo destruidor é corretamente aplicada pela liturgia à Encarnação, desde que ele veio não apenas para destruir os inimigos do povo de Deus, mas para libertar aqueles cujas portas estavam assinaladas pelo sangue do Cordeiro Pascal. Daí a íntima relação que essa imagem tremenda tem com nossa comunhão com Deus na Eucaristia. Lembra-nos que nossas comunhões são intervenções por meio das quais Deus entra em nossas almas com seu irresistível poder, de maneira a dar à nossa vida uma dimensão inteiramente nova, incorporando-nos a Si e fazendo de nós o seu povo.

Quando fugia de Jesabel, Elias deitou-se debaixo de uma árvore e desejou a morte.

> E lançou-se (Elias) por terra, e adormeceu à sombra do junípero; e eis que um anjo do Senhor o tocou, e lhe disse: Levanta-te e come. Olhou, e viu junto à sua cabeça um pão cozido debaixo da cinza, e um vaso de água; comeu, pois, e bebeu e tornou a adormecer. E voltou segunda vez o anjo do Senhor, e o tocou, e lhe disse: Levanta-te e come, porque te resta um longo caminho. Tendo-se ele levantado, comeu, e bebeu, e com o vigor daquela comida, caminhou quarenta dias e quarenta noites, até ao monte de Deus, Horeb (1Rs 19,5-8).

Assim quis Deus intervir na vida de Elias nessa hora de crise, enviando-lhe alimento e bebida miraculosos e conduzindo-o, em seguida, durante quarenta dias de viagem pelo deserto, até o monte onde o profeta ouviu a voz divina e recebeu a missão que o Senhor definitivamente lhe confiava. Assim, também na Santa Eucaristia, o Logos intervém em nossa vida, dando-lhe novo sentido, uma direção que jamais poderíamos ter escolhido ou imaginado e nos conduz à realização plena de nossa vocação.

Cada comunhão é, portanto, um *viaticum* – é alimento e bebida que nos deve sustentar, na viagem para Deus. Mas, enquanto o alimento ordinário sustenta apenas nossa vida corporal, essa outra comida é, também, nosso guia na viagem que fazemos. Pois Jesus, que se dá a nós na Eucaristia, é o "caminho, a verdade e a vida" (Jo 14,6). Diz São Bernardo: "Ele é o Caminho que leva à verdade; Ele é a Verdade que promete a vida e é Ele próprio a Vida que dá"[31]. E, declara Santo Agostinho, "se procurais a verdade, conservai-vos no caminho certo, pois o próprio caminho é o mesmo que a verdade... vindes pelo Cristo ao Cristo... pelo Cristo homem ao Cristo que é Deus"[32].

Os israelitas receberam ordem de comer de pé o Cordeiro Pascal, vestidos para a viagem; "cingireis os vossos rins, e tereis as sandálias nos pés, e os bordões na mão e comereis à pressa; porque é a Páscoa (isto é, a passagem) do Senhor" (Ex 12,11). A Páscoa, tipo do único sacrifício verdadeiro que a Igreja oferece na missa, e figura da comunhão em que somos nutridos pelo místico Cordeiro, devia ser celebrada pelo povo escolhido como "um marco eterno", um memorial daquela intervenção divina que os libertou do Egito. Seria para eles uma recordação perpétua de quem é o Senhor Deus. A missa perpetua para nós a grande "intervenção" de Deus em nosso mundo pela sua Encarnação, Paixão, Morte e Ressurreição. O sacrifício da missa mantém sempre presente

---

31. Ego sum via quae ad veritatem duco; ego sum veritas quae Vitam promitto; ego sum vita, quam do. *De Gradibus Hamititatis*, i, 1.

32. *Tractatus in Ioannem*, n. 4.

ao nosso espírito o fato de que temos um Deus onipotente e misericordioso que nos libertou da escravidão da carne e nos deu a liberdade dos filhos do seu Amor. Fez-nos o seu povo, e chamou-nos a viajar em busca dele na Terra Prometida do Céu.

2 O pão de Deus

O maná que no deserto nutriu o povo escolhido prefigurava a Eucaristia, o alimento espiritual que nos sustenta e ilumina no deserto deste mundo.

Jesus, discorrendo na sinagoga de Cafarnaum sobre o Pão da Vida (Jo 6), proclamou ser Ele o verdadeiro maná, o "alimento imperecível, que proporciona a vida eterna", o "Pão de Deus que desceu do céu e dá a vida ao mundo" (Jo 6,27,33).

A extraordinária riqueza desse capítulo, um dos maiores dos santos evangelhos, só poderá ser apreciado se o considerarmos nos diferentes planos em que Jesus lhe dá sentido, tornando claro que o Pão da vida é, primeiramente, a sua própria Pessoa; em seguida, é comunicação dele a nós sob duas formas: na Sagrada Escritura, como "palavra de Deus", e na Eucaristia. Toda a tarefa do homem neste mundo é encontrar Deus. Não devemos trabalhar pelo alimento que perece, mas pelo alimento da vida eterna, o Logos. "Esta é a obra agradável a Deus: que acrediteis naquele que Ele enviou" (v. 29). Os judeus provocam a Nosso Senhor para que prove ser Ele o Messias operando algum milagre. Moisés orou a Deus e foi dado o maná para alimentar o povo de Israel no deserto. Que sinal daria Jesus em prova de suas afirmações? Jesus responde que não necessitam de mais sinais externos dados por Ele, e sim de fé nas profundezas de seus próprios corações. Já presenciaram um milagre em que Ele alimentou, com alguns pães de cevada e uns peixinhos, cinco mil homens. Contudo, isso em nada contribuiu para abrir-lhes os olhos. "Eu sou o Pão da Vida", diz Jesus, "aquele que vem a mim não terá fome e aquele que crê em mim jamais terá sede. Mas eu já vos disse que vós me vistes e não acreditais em mim" (vs. 35-36).

Todos os sacramentos, especialmente a Eucaristia, são afirmações de fé no Filho de Deus. Se não são uma expressão de nossa fé, então empanamos-lhes a verdade e mentimos. As palavras com que Jesus declarou, sem rodeios, aos judeus, que não se poderiam salvar se não comessem a sua Carne e bebessem o seu Sangue, tinham por fim deliberado causar-lhes espanto, chocá-los no mais alto grau e mesmo escandalizá-los. Isso era necessário para que os judeus tomassem consciência de que não possuíam a verdadeira luz como julgavam; pelo contrário: a Lei, as Escrituras, as tradições dos maiores que eles acreditavam ser as fontes de luz e de vida estavam, na realidade, cegando-lhes os olhos do espírito e asfixiando a verdadeira vida em seus corações, porque esses corações recusavam abrir-se ao Espírito de Deus.

> Disse-lhes: "Examinai as Escrituras, pois julgais ter nelas a vida eterna: são elas mesmas que dão testemunho de mim; mas não quereis vir a mim para terdes a vida" (Jo 5,39-40).
> E aos escribas: "Ai de vós, doutores da lei, que tomastes a chave da ciência, e nem vós entrastes nem deixastes os que vinham entrar" (Lc 11,52).

As intervenções de Deus na vida dos homens nada têm a ver com o formalismo e a rotina pietista. Deus vem sempre a nós para "fazer tudo novo" (Ap 21,5). E cada vez que Ele vem, é-nos necessário, em certo sentido, tudo deixar para segui-lo. Não podemos, portanto, acentuar demasiadamente essa índole "dinâmica" da Eucaristia em que Cristo vem a nós como uma força arrancando pelas raízes o que em nossas mentes e em nossas vontades há de mundano e transplantando-nos com Ele "deste mundo para o Pai" (Jo 13,1).

Recebendo a comunhão, não basta cumprir apenas exteriormente um ato de pura formalidade, sem alma. Deve haver um movimento interior da nossa vontade que nos faça sair de nós mesmos, pelo menos quanto ao desejo. Estamos familiarizados com o fato de que Cristo "vem a nós" na comunhão; esquecemo-nos, porém, do aspecto muito mais importante desse grande mistério: para que Ele possa vir a nós, temos de "ir a Ele", temos de nos deixar "ser atraídos a Ele" pelo Pai. Quer isso dizer que, em nossas comunhões devemos nos esforçar por tomar consciência de que *nos estamos entregando à ação divina* que nos atrai para dentro do mistério de Cristo. Devemos compreender que, buscando a Jesus, estamos obedecendo à vontade do Pai e às inspirações secretas do Espírito Santo que nos impele à vida eterna como membros que somos de Cristo. "Esta é a vontade de meu Pai, que me enviou: que todo o que vê o Filho e crê nele, tenha a vida eterna" (Jo 6,40). Nós que procuramos contemplar a face de Cristo estamos conscientes, por esse mesmo fato, de que somos um daqueles que o Pai "deu" ao Filho. "Esta é a vontade do Pai, que me enviou: que eu não perca nenhum daqueles que Ele me deu, mas que o ressuscite no último dia" (Jo 6,39). "Todo o que o Pai me dá, virá a mim; e o que vem a mim, eu não repelirei" (Jo 6,37).

Entregando-nos à vontade do Pai, estamos, na realidade, obedecendo ao mesmo poder a que Jesus obedece para vir a nós. Nossa comunhão, portanto, é união à vontade do Pai Eterno e participação no mesmo mistério de Deus com o Verbo Encarnado. Como Verbo, Ele tem, por natureza, identidade de vontade com o Pai. Pela comunhão, unindo-nos a Ele, chegamos à identidade de vontade e de espírito com o Pai, na caridade. Pois a caridade nos identifica ao Filho de Deus que declarou que não haveria de nos rejeitar, pois, como disse: "Desci do céu, não para fazer a minha vontade, mas a vontade daquele que me enviou. E esta é a vontade do Pai, que me enviou: que eu não perca nenhum daqueles que ele me deu" (Jo 6,38-39).

Jesus acrescenta: "Ninguém pode vir a mim se o Pai que me enviou não o atrair... Todo aquele que do Pai ouviu e aprendeu, vem a mim" (Jo 6,44-45). E aqui Jesus cita Isaías que profetizara que nos tempos messiânicos "serão todos ensinados por Deus" (Is 54,13).

Na oração sacerdotal de Jesus, no capítulo 17 de São João, nosso Senhor fala, continuamente, ao Pai daqueles que "o Pai lhe deu".

> Pai, é chegada a hora. Glorificai vosso Filho, para que vosso Filho vos glorifique, pois vós lhe destes poder sobre todos os homens para que ele dê a vida eterna *a todos os que lhe entregastes [...]*. Manifestei vosso nome *aos homens que tirastes do mundo e me destes. Eram vossos e vós os destes a mim.* Eles guardaram a vossa palavra. Agora sabem que tudo que me destes vem de vós [...]. *É por eles que eu rogo. por aqueles que me destes porque são vossos.* Tudo o que é meu é vosso e tudo o que é vosso é meu. Neles fui glorificado. Pai, eu quero que lá

onde eu estou, estejam também comigo aqueles que me destes, porque me amastes antes da criação do mundo (Jo 17,2.6-8.10.24).

Não estamos suficientemente conscientes deste aspecto das nossas comunhões. Consideramo-las, talvez, como atos rituais de devoção com que procuramos agradar a Deus, oferecer-lhe homenagem e ganhar méritos para a nossa alma. Estas coisas são verdadeiramente reais. Entremos, porém, mais no fundo dessa realidade; descobriremos, então, que estamos face a face com o mistério do amor de Deus por nossas almas – impelidos, pela nossa própria inefável e misteriosa vocação, a nos tornarmos "outros Cristos", – encaramos o fato de que esta comunhão é o sinal de que *pertencemos a Deus,* de que somos *propriedade sua,* seus escolhidos e, por esse motivo, Ele vem a nós e se dá a nós como propriedade *nossa.*

Pensamos muito pouco, também, no fato de que, na comunhão, nós nos unimos livremente aos supremos desígnios da vontade de Deus sobre nós, confiando-nos, no sentido mais alto e perfeito, à sabedoria da Providência divina e realizando, com maior plenitude do que nos seria possível de outra maneira qualquer, as intenções do seu amor. Não só estamos fazendo um ato supremo de pura adoração do Ser divino, mas muito mais do que isso, entramos no plano da vontade de Deus de "restaurar todas as coisas em Cristo". É no ato de abandono de nós mesmos a essa vontade salvífica que os olhos de nossa alma se abrem, enfim, à compreensão do pleno sentido do amor de Deus por nós, no mistério de Cristo. Para podermos agradar a Deus perfeitamente, é-nos necessário receber essa iluminação.

O mistério de nossa incorporação a Cristo e de nossa vida nele é, ao mesmo tempo, um mistério de autoabandono e de iluminação. O batismo, que é o sacramento que dá a vida e nos faz membros do Corpo Místico de Cristo, é também o sacramento da iluminação. A Eucaristia leva ao aperfeiçoamento da obra de iluminação e de vida em Cristo, iniciada pelos outros sacramentos. É vontade de Deus que sejamos iluminados por Cristo desde que, na realidade, o dom da luz sobrenatural e a comunicação da vida sobrenatural são, em seus desígnios, inseparáveis. "A vida eterna é esta: que eles conheçam a vós que sois o único Deus verdadeiro e a Jesus Cristo, que enviastes" (Jo 17,3). Por isso "chamou-nos das trevas à sua luz admirável" (1Pd 2,9) e "Deus, que ordenou que a luz brilhasse das trevas, resplandeceu em nossos corações para fazermos brilhar o conhecimento da glória de Deus na face de Cristo Jesus" (2Cor 4,6).

O Evangelho de São João é, na íntegra, o relato da luz de Deus lutando contra as trevas do mundo, da vitória do Logos sobre a morte para que os homens possam aproximar-se dele e ter vida e luz. Nele, a vida e a luz transcendentes, que lhe são a própria natureza, vivificam e iluminam os homens. "Estava nele a vida e a vida era a luz dos homens. E a luz brilhou nas trevas e as trevas não a compreenderam... ele era a luz verdadeira que ilumina a todo homem que vem a este mundo... Veio para o que era seu e os seus não o receberam" (Jo 1,4.5.9.11). Em todo o Quarto Evangelho, ouvimos as repetidas queixas de Jesus a respeito da preferência dos homens pelas trevas e não a luz (Jo 3,10), e já vimos como os que mais amavam as trevas eram os que perscrutavam as Escrituras e acreditavam estar em plena posse da luz (Jo 5,39-40).

Conhecer a Cristo, o Logos, é "recebê-lo" e receber a Cristo é tornar-se filho de Deus. Essa regeneração é obra da fé e do batismo. Tornamo-nos filhos de Deus, nascendo "não do sangue, nem da vontade da carne, nem da vontade do homem, mas de Deus" (Jo 1,13), e "homem algum, se não renascer pela água e pelo Espírito Santo, pode entrar no Reino de Deus, Jesus teve de repreender a Nicodemos, "doutor em Israel, que, embora houvesse estudado a Lei e os profetas, ignorava essa importantíssima verdade espiritual (Jo 3,10). Ora, essa vida sobrenatural nos é comunicada somente através de Cristo. Ele é a "luz do mundo". Quem o segue não caminha nas trevas, mas possui a luz de vida (Jo 8,12). É por isso que Jesus nos diz: "Enquanto tendes a luz, crede na luz, para que sejais filhos da luz". Podemos, por acaso, dizer que caminhamos na luz se, em realidade, não o conhecemos? Mesmo na Última Ceia, Jesus repreendeu os discípulos porque ainda não o conheciam. Se o houvessem conhecido, Filipe não lhe teria pedido que lhes mostrasse o Pai: "Há tanto tempo estou convosco e não me conheceis? Filipe, aquele que me vê, vê também o Pai [...]. Não acreditais que eu estou no Pai e o Pai está em mim?" (Jo 14,9-10). E a Tomé, Jesus declarou: "Eu sou o caminho, a Verdade e a Vida, ninguém chega ao Pai, a não ser por mim. Se me tivésseis conhecido, teríeis conhecido também a meu Pai. Desde agora o conheceis e já o vistes" (Jo 14,6-7).

Esses trechos nos conduzem de novo ao tema eucarístico exposto por São João no capítulo sexto, e à "vontade do Pai" que é que estejamos unidos a Cristo, iluminados por Ele de maneira a conhecermos, nele, o Pai. Só podemos realmente compreender o mistério do Pão de Vida quando vemos que o Pai está em Cristo e Cristo no Pai. "Assim como meu Pai, que é vivo, me enviou, também eu vivo pelo Pai e aquele que comer de minha carne viverá também por mim" (Jo 6,57). Assim como o Filho é eternamente gerado no seio do Pai, assim nós, que fomos doados ao Filho pelo Pai, se vivermos pelo Filho haveremos de viver eternamente (Jo 6,59).

A vida que Cristo dá ao mundo é a vida que Ele recebe do Pai, a vida do Pai nele. Para vermos a fonte invisível da Vida, nada precisamos "ver" além do próprio Cristo. A simplicidade do evangelho é tal, que se a conservamos na mente torna o falso misticismo impossível. Cristo nos libertou do esotérico e do estranho. Transpôs a luz de Deus para o nosso nível de modo a transfigurar nossa existência cotidiana comum.

O Deus invisível se fez homem de maneira a que o pudéssemos ver e, através do homem, Cristo, conhecêssemos o Pai eterno. Contudo, e insistimos mais uma vez, não se trata aqui de especulação. É cumprindo a vontade de Cristo que chegamos ao conhecimento do Pai: "Quem tem os meus mandamentos e os observa, esse é que me ama [...]. Se alguém me ama, guardará a minha palavra, e meu Pai o amará e nós viremos a Ele e faremos nele morada" (Jo 14,21.23). Mas que é a vontade de Cristo? Que nos amemos uns aos outros. "Eu vos dou um novo mandamento: que vos ameis uns aos outros. Assim como eu vos amei, vós vos deveis amar uns aos outros" (Jo 13,34). Não é esse um tema novo, e sim, parte de uma mesma ideia. É amando-nos uns aos outros que somos incorporados a Cristo, iluminados por Cristo.

Se não nos amamos mutuamente, não podemos comer o Pão da Vida, não podemos chegar ao Pai. Somente amando-nos uns aos outros é que consentimos em que o

Pai nos leve a Cristo, pois é pelo amor que nos tornamos um Corpo Místico, um Cristo. Somente quando somos Cristo" podemos chegar ao conhecimento de Cristo. Esse pensamento é central no comentário de Santo Agostinho sobre o sermão eucarístico de Jesus. "Os fiéis, diz o santo doutor, conhecem o Corpo de Cristo se não descuidam em *ser* o Corpo de Cristo. Que eles se tornem o Corpo de Cristo se desejam viver pelo Espírito de Cristo: pois só Corpo de Cristo vive pelo Espírito de Cristo"[33].

Começamos, aqui, a ver a inseparável relação que existe entre a Eucaristia e a Igreja. A ambas tem sido aplicada a designação "Corpo Místico de Cristo". Com efeito, nos tempos patrísticos era privilégio da Igreja ser chamada simplesmente "O Corpo de Cristo", sem qualquer outra designação, enquanto o termo *corpus mysticum* era aplicado à Eucaristia, fato esse que nos recorda ser a Igreja a "realidade" *(res)* que é significada pelo Santíssimo Sacramento.

Não devemos pensar que os Santos Padres consideravam a Eucaristia apenas como um símbolo, só porque eles falam tão frequentemente da nossa união em Cristo mais do que na própria Eucaristia, quando tratam do Santíssimo Sacramento. Estavam demasiadamente familiarizados com as Escrituras para pensar coisa semelhante. E, aliás, Jesus indica nitidamente que a Eucaristia é, em toda verdade, o seu Sagrado Corpo e o seu Sangue Precioso. "Eu sou o Pão vivo que desci do céu [...]. O pão que eu darei é a minha carne para a vida do mundo"

---

33. Norunt fideles corpus Christi si corpus Christi esse non negligant: fiant corpus Christi si volunt vivere de Spiritu Christi: de Spiritu Christi non vivit nisi Corpus Christi. SANTO AGOSTINHO. *Tractatus XXVI in Ioannem.*

(Jo 6,51.52). Quando os judeus se queixaram, achando impossível semelhante coisa, Jesus, em lugar de explicar o sentido de suas palavras como sendo simbólicas, insistiu, ao contrário, no sentido literal delas, sem todavia revelar a maneira sacramental em que daria sua carne para ser nosso alimento. "Em verdade, em verdade vos digo: Se não comerdes a carne do Filho do homem e não beberdes seu sangue, não tereis a vida em vós. Quem come a minha carne e bebe o meu sangue tem a vida eterna e eu o ressuscitarei no último dia. Minha carne é verdadeiramente uma comida e meu sangue é verdadeiramente uma bebida. Quem come minha carne e bebe meu sangue permanece em mim e eu nele" (Jo 6,54-57).

Contudo, Jesus nos dá o seu Corpo, não apenas como um princípio de vida e de santificação individual, mas como princípio de união em seu Corpo Místico. Ele não só nos une a si, a seu Pai nele, mas também nos une uns aos outros. Esse é, em plenitude, o Mistério" da Eucaristia e devemos sempre considerar o Santíssimo Sacramento à luz dessas realidades. Devemos sempre considerar o Mistério como um todo. Devemos ver o "Cristo total", a *res Sacramenti,* pois, sem essa união nossa na caridade, faltaria ao Santíssimo Sacramento seu sentido real.

São Paulo nos dá uma visão completa do Santíssimo Sacramento, tanto da presença real como da *res Sacramenti* quando diz: E o pão que partimos não é a comunhão do Corpo do Senhor? Porque é um só pão, nós, embora muitos, somos um só corpo, nós todos que participamos do mesmo pão" (1Cor 10,16-17). Vemos, aqui, como a Eucaristia e a Igreja são o Corpo de Cristo, e a Eucaristia é o princípio da unidade que nos mantém juntos num só Espírito, na caridade perfeita.

Na sua oração sacerdotal, Jesus nos diz o sentido pleno de nossa união nele: "Eu neles e vós em mim, para que eles sejam perfeitos na unidade e o mundo conheça que vós me enviastes e que vós os amastes, como também amastes a mim" (Jo 17,23).

São Cirilo de Alexandria resume o sentido das palavras "Eu sou o Pão da Vida" numa fórmula sucinta: *Verbum secundum naturam vita, cuncta vivificans*. "O Verbo, sendo em sua própria natureza Vida, dá Vida a todas as coisas [...]. É gerado pelo Pai que vive [...] e, desde que a função daquilo que por natureza é vida, consiste em dar vida a todas as coisas, Cristo dá vida a tudo"[34].

3. A comunhão e seus efeitos

Consideremos, agora, mais pormenorizadamente, os frutos da comunhão na alma de cada um, antes de considerarmos a união dos fiéis em Cristo como principal efeito da Eucaristia.

Em primeiro lugar: como produz em nós a Santa Eucaristia os seus efeitos?

Quando uma alma recebe este sacramento com as devidas disposições, entra em contato com o Logos, a Palavra de Vida, o Verbo, e, por esse mesmo fato, fica repleta de vida espiritual. Cristo instituiu esse sacramento precisamente para unir-se a cada um de nós como fonte de toda vida, força, luz e fecundidade espiritual. Jesus vem a nós nesse sacramento de forma a que possa estar ao mesmo tempo presente em todo aquele que o recebe e em todos. Por conseguinte, vem em primeiro lugar

---

34. *In Ioannis Evangelium*, lib. 3, c. 6.

para nos unir a Si como os membros à cabeça, em um só Corpo Místico. Todos os outros frutos do sacramento fluem desse, que é o mais importante de todos. É essa a razão principal da presença real de Cristo na Eucaristia. O Corpo de Cristo está presente como uma substância debaixo dos acidentes do pão, de maneira a poder dar-se indivisamente a cada um que recebe uma hóstia consagrada e estar, ao mesmo tempo, presente em todos.

Ora, o Corpo de Cristo que recebemos na Santa Eucaristia é o corpo vivo do Verbo Encarnado. Agindo, portanto, como instrumento da natureza divina, esse Corpo de Cristo vem a nós repleto do poder e da realidade do Logos e do Espírito Santo. Quando recebemos a Santa Eucaristia, nossas almas se enchem do Espírito de Deus e somos unidos intimamente ao Logos, como se Ele fora a alma de nossa alma e o ser do nosso próprio ser. Diz Scheeben:

> A carne de Cristo nos nutre não apenas como uma carne natural, mas como carne mergulhada no Espírito de Deus, para uma vida ao mesmo tempo divina e espiritual [...]. Aquilo que a carne e a bebida são para o corpo, a luz da verdade e da glória e a torrente inflamada do amor são para a alma [...]. No Sacramento do Sangue de Cristo, o Espírito da vida divina, jorrando do Logos como o sangue do seu coração de carne, se derrama em nossas almas como sangue de vida divina, para ungi-las e saciar-lhes a sede[...]. A divindade do Logos é verdadeiramente o panis *superessentialis* que se oculta debaixo da substância do corpo presente na Eucaristia[35].

---

35. *The Mysteries of Christianity*, p. 520, 524 (nota).

É por esse derramamento de vida divina em nossos corações que Cristo nos une mais perfeitamente ao seu sacrifício. A caridade que nos é comunicada na Eucaristia pelo Coração de nosso divino Salvador é, ao mesmo tempo, a causa formal e eficiente do amor por ela despertado em nossos corações. A nossa resposta a essa caridade é como uma chama, a nós comunicada pela Vítima divina, a arder no fogo do Espírito Santo. Unidos a Cristo, somos consumados na glória dessa única chama. Scheeben prossegue, na mesma linha que os Santos Padres:

> Divinizada pela união hipostática e impregnada do Espírito Santo, essa carne vai despertar em nós uma disposição verdadeiramente espiritual para o sacrifício e derramar em nossas almas o fogo consumidor da caridade. Dessa carne é que vamos haurir a fortaleza que nos é necessária para oferecermos nossas almas a Deus. Em união com a carne que repousa no seio da divindade, colocaremos nossas almas, como um sacrifício digno em odor de suavidade, diante do trono de Deus. A carne de Cristo deve perfumar inteiramente nossas almas com o aroma do Espírito Santo com o qual está repleta, de maneira a que se tornem realmente espirituais e divinas, capazes de fazer subir até Deus um incenso extremamente agradável[36].

Unindo-nos ao seu Sacrifício, Jesus, portanto, quer, em primeiro lugar, encher-nos com o mesmo Espírito Santo, de amor, de que está Ele próprio, repleto. Vemos, novamente, aqui, todo o sentido da Eucaristia. Jesus vem a nós nesse mistério divino para nos divinizar e nos transformar inteiramente nele. Os Santos Padres jamais

---

36. Ibid., p. 520-521.

consideraram a Eucaristia senão como o caminho para a mais alta união mística com Deus.

O Cântico dos Cânticos, que é a canção nupcial do Logos com a humanidade, é, por Santo Ambrósio, aplicado à nossa união com Cristo na Eucaristia. Diz o santo:

> Viestes, portanto, ao altar e recebestes a graça de Cristo, seus celestiais sacramentos. Rejubila a Igreja pela redenção de tantos, exultando de espiritual alegria à vista dos filhos revestidos de túnicas brancas (dirige-se aos neobatizados que, pela primeira vez, receberam a Eucaristia). Tudo isso, o encontrareis no Cântico dos Cânticos. A Igreja, repleta de alegria, eleva a voz para Cristo – pois ela tem preparado um banquete tão magnífico que é digno de ser o próprio banquete do céu. Daí exclamar: "Entre meu bem-amado em seu jardim e prove-lhe os frutos deliciosos!" (Ct 4,17). Que frutos são esses? Havíeis vos tornado, em Adão, como lenha seca; agora, porém, feitos árvores frutíferas em Cristo, estais repletos de frutos. E o Senhor Jesus aceita alegremente o convite respondendo à sua Igreja com bondade que é do céu: "Entro no meu jardim", diz ele, "colho a minha mirra e o meu bálsamo, como meu pão e meu favo, bebo o meu vinho e o meu leite. Comei, amigos, bebei, diz ele, inebriai-vos diletos com alegria (Ct 5,l)[37].

O santo prossegue, explicando que esse vinho que nos alegra é o Espírito Santo, pois todas as vezes que recebemos a Eucaristia somos purificados de nossos pecados e inebriados pelo Espírito de Deus, conforme a advertência do apóstolo que exorta a nos inebriarmos não de vinho, mas do Espírito Santo. Santo Ambrósio

---

37. *De Sacramentis*, V, 14-15.

acrescenta ainda que: "Aquele que está ébrio de vinho, cambaleia. Aquele, porém, que está inebriado do Espírito Santo se acha enraizado e firme em Cristo. Essa é uma boa embriaguez, que produz a sobriedade na alma. Está claro que entre os mais preciosos frutos da Santa Comunhão estão a alegria e a pureza do coração que fluem da união íntima e quase física com o Verbo feito carne, e que toda comunhão nos pode trazer a *sobria ebrietas* de que lemos em toda parte nos Santos Padres. São Cipriano, por exemplo, a descreve com muitos pormenores. Argumenta que no Sacrifício deve ser oferecido vinho, não água, porque esta não simboliza o sangue e não inebria.

> O cálice do Senhor inebria os homens de tal forma que se tornam sóbrios. Leva suas mentes à sabedoria celeste de maneira que cada um perde o gosto pelas coisas deste mundo e se abre à compreensão das coisas de Deus. Assim como o vinho comum alegra o espírito, descansa a alma e põe em fuga toda dor, também, quando bebemos o Sangue do Senhor e o cálice da salvação, a lembrança do homem velho é varrida de nosso espírito e esquecemo-nos de nossa antiga conduta no mundo, e o coração triste, abatido, carregado de pecados e ansiedades, vê-se repleto da felicidade do perdão divino[38].

Essa sobriedade nada mais é do que o sinal de nossa transformação em Cristo. Pois, ao recebermos o Pão Vivo, somos transformados nele, e não é ele absorvido por nosso organismo como o alimento ordinário. É verdade que as espécies do pão se dissolvem em nós; todavia, a substância do Logos se torna o alimento de nossas almas de tal maneira que não vivemos mais da

---

38. *Epístola* 63, XI.

nossa própria vida, mas da sua. "Este é o pão que desceu do céu. Não é como o maná que vossos pais comeram e, no entanto, morreram. Quem como este pão viverá eternamente [...]. Quem vivifica é o Espírito. A carne para nada serve" (Jo 6,59.64).

Sem tocar, na questão da graça mística, o Papa Pio XII descreve em linguagem muito parecida nossa união com Cristo na Eucaristia:

> A própria natureza do sacramento exige que sua recepção produza ricos frutos de santidade cristã [...]. Penetremos, portanto, todos, na mais íntima união com Cristo, esforçando-nos por nos perdermos, por assim dizer, em sua santíssima alma, unindo-nos de tal forma a ele que possamos participar daqueles atos em que adora a Santíssima Trindade, prestando homenagem sumamente aceitável, e em que oferece ao eterno Pai louvor supremo e ações de graças que encontram eco harmonioso em todo o céu e em toda a terra, conforme a palavra do profeta: "Vós todas, obras do Senhor, bendizei ao Senhor"[39].

Não devemos temer multiplicar as citações e as opiniões autorizadas ao falarmos deste grande mistério. Desde que a Eucaristia é o próprio centro, o coração da vida e do misticismo cristãos e já que toda nossa alegria e fortaleza se encontram no Cristo sacramental que nos abre o caminho pelo qual voltamos ao Paraíso, convém meditarmos nas palavras com que a própria Igreja nos propõe essa doutrina em seu magistério solene e ordinário.

---

39. *Mediator Dei*.

O Concílio de Florença ensina que a Santa Eucaristia produz em nossas almas todos os efeitos que o alimento material produz em nosso corpo. Nutre-nos, incentiva nosso crescimento espiritual, alivia e cura-nos a alma, refazendo-lhe as perdas e, por fim, dá-nos alegria espiritual: somos afastados do mal, robustecidos no bem, alcançando novo crescimento em graça e virtude. Tudo isso se realiza não apenas por uma amorosa lembrança de Cristo, mas por nossa união atual com Ele, nossa incorporação nele pela graça e nossa união com os seus outros membros no fervor da caridade[40].

O Concílio de Trento nos lembra que, neste Sacramento, Cristo é recebido como remédio e antídoto do pecado, libertando-nos das faltas provenientes da fragilidade humana que cotidianamente nos assaltam e preservando-nos do pecado mortal. Santo Inácio de Antioquia foi mais longe, declarando que o Santíssimo Sacramento é o remédio da imortalidade – *pharmacum immortalitatis*. O Concílio de Trento incluiu essa ideia no mesmo capítulo acima citado, ensinando ser a Eucaristia "penhor de glória futura e de felicidade perene"[41]. Acrescenta este Concílio, ao mesmo tempo, que "a Eucaristia é o símbolo daquele Corpo de que Ele e a cabeça e à qual quis fôssemos ligados, como membros, numa união, a mais estreita possível, de fé, de esperança e de caridade".

Esses trechos, bem conhecidos, citados em todos os manuais de teologia, deixam frequentemente de revelar todo o sentido que possuem. Devem ser meditados na oração silenciosa. As verdades que contêm são da mais

---

40. *Decretum pro Armenis*, D. B. 698.
41. Sessão XIII, cap. 2, D. B. 875.

alta importância e de consequências incalculáveis para nossa vida espiritual e atividade pastoral. Diz o Concílio que a Eucaristia é um remédio contra o pecado; não diz entretanto, absolutamente, que seja *apenas* um remédio contra o pecado. Esse Sacramento é penhor de glória futura e, como tal, dá-nos algo da alegria do céu mesmo aqui e agora, se bem que na obscuridade da esperança teologal. Traz-nos não só a graça da mais íntima união com Cristo como Cabeça do Corpo Místico, mas nos une, também, aos outros membros desse Corpo. Falando com mais precisão: a Eucaristia nos confere como uma graça sacramental, um fervor de caridade pelo qual podemos, se bem o utilizarmos, unir-nos mais firmemente a Cristo e a nossos irmãos. Deveríamos tomar consciência de que nossa união com o Cristo Místico, isto é, tanto com os membros como com a Cabeça é parte integrante de nossa vida eucarística e um de seus aspectos mais importantes. É por nossa união com os membros que recebemos consolação e somos fortalecidos, como também, diretamente, pelo próprio Cristo.

A presença de Cristo em nós, "autor dos sacramentos e fonte e cabeça de todos os sacramentos e dons celestiais"[42], torna-se fonte de água viva que brota para a vida eterna, regra permanente de caridade, foco ardente de amor que procura expandir-se em ação cristã e louvor de Deus. A graça da Eucaristia não está confinada aos instantes de ação de graças após a Missa e a comunhão. Estende-se ao longo do nosso dia e a todos os acontecimentos de nossa vida, a fim de santificá-los e transformá-los em Cristo[43].

---

42. *Catechismus Concilii Tridentini*, 11, IV, q. 45.
43. Cf. *Mediator Dei*.

Os Padres da Igreja insistiam com amor no fato de Cristo, presente em nós, como fonte de toda a vida, vir a nós na comunhão, não só para nos dar um penhor de vida futura, mas também para preparar nossas almas e nossos corpos para a ressurreição geral. Esse efeito da Eucaristia não é tanto uma consequência física do contato com a carne ressuscitada e transfigurada de Cristo, quanto um efeito lateral da caridade derramada em nossas almas pelo Logos e pela esperança da ressurreição que flui da presença, em nós, de Jesus. Diz Santo Ireneu:

> Assim como o pão produzido pela terra ouve a invocação do Espírito Santo e deixa de ser pão para se tornar Eucaristia, constituída de dois elementos, terrestre e celeste, da mesma forma, nossos corpos, recebendo a Eucaristia, não são mais corruptíveis, pois possuem a esperança da ressurreição[44].

Essas reflexões todas, sobre a Eucaristia, tornam-nos patente que, nesse Sacramento, em que Cristo nos dá não só a graça, mas também a Si mesmo, somos levados a um ápice supremo de plenitude espiritual. O Sacramento da Eucaristia não nos é dado para que façamos algo, mas para que *sejamos* alguém: para que possamos ser Cristo. Que nos possamos identificar perfeitamente com Cristo. Fazendo a comparação entre a Eucaristia e a Confirmação, diz Santo Tomás que a Confirmação nos dá um aumento de graça de maneira a poder resistir à tentação, mas a Eucaristia faz ainda mais: aumenta e aperfeiçoa nossa vida espiritual, de modo a que possamos ser aperfeiçoados em nosso próprio ser, nossa personalidade, por nossa *união com Deus: per hoc sacramentum au-*

---

44. *Contra Haereses*, IV, 18, 5.

getur gratia et perficitur spiritualis vita ad hoc quod homo in seipso perfectus exsistat per coniunctionem ad Deum[45].

Em outras palavras, por nossa união com Cristo na Eucaristia, encontramos o nosso verdadeiro eu. O nosso falso eu, o "homem velho", é destruído pelo fervor da caridade produzida pela íntima presença de Jesus em nossa alma. O "homem novo" entra, então, na plena posse de si mesmo, pois que "vivemos já não nós, mas Cristo vive em nós".

Isso explica porque é, por vezes, difícil ou mesmo impossível a algumas almas realmente fervorosas se entreterem com Cristo nelas, após a comunhão, por meio de palavras e "atos" como se Ele fosse uma pessoa distinta, separada do comungante. A união dessas almas com Jesus é, em realidade, mais profunda e mais íntima. Cristo está tão perto delas que não podem mais distingui-lo, com nitidez, através de conceitos. Tão perto está que perdem consciência de si próprias. Que lhes resta? Devem procurar ver-se nitidamente a si mesmas? Absolutamente. Fariam melhor, nas palavras do Santo Padre Pio XII que acabamos de citar, em "se perderem na santa alma de Cristo". Fariam melhor em deixar o Espírito Santo carregá-las para longe de si mesmas, de maneira a perderem todo sentido de distinção entre elas e Jesus, ficando momentaneamente absorvidas na tremenda realidade da Sua presença, que desafia toda análise, e para a qual não existe descrição adequada. Fariam melhor em se alegrar na *sobria ebrietas* mencionada por Santo Ambrósio. Se quiséssemos utilizar algum texto para meditar após a Santa Comunhão, dificilmente poderíamos en-

---

45. *Summa Theologica*, III, Q. 79, a. 1, ad 1.

contrar algo de melhor do que o Cântico dos Cânticos. A não ser, talvez, que escolhêssemos algum trecho do sermão de Jesus na Última Ceia como no-lo dá São João.

Todos esses frutos da comunhão eucarística nos são expostos com clareza nas orações, ricas em pormenores, da sagrada liturgia. Por toda parte, as *postcommunio* e orações secretas nos lembram esse grande mistério de renovação e transformação em Cristo. No *Ordinário da missa*, o sacerdote, após a comunhão, declara que foi "recriado por esses puros e santos sacramentos" (*quem pura et sancta refecerunt sacramenta),* e que aquilo que recebeu como "dom temporal" há de se tornar para ele "um remédio eterno" (aqui temos, de novo, um eco de Santo Inácio de Antioquia com o seu *pharmacum immortalitatis*). Nas festas mais solenes do Ano Litúrgico, Natal e Páscoa, a Igreja ora para que "purificados de nossas antigas faltas, sejamos transformados em novas criaturas"[46] e que o "novo nascimento do Verbo de Deus na carne possa libertar-nos do antigo jugo do pecado"[47]. Por toda parte no Ano Litúrgico encontramos expressões como esta. "Nós, que renovais com os celestes sacramentos", "Nós, a quem renovais em vossos sagrados mistérios", e ainda, frases curtas, vívidas, sucintas a ponto de serem intraduzíveis: *cuius laetamur gustu, renovemur effectu.*

Essa transformação, entretanto, de modo algum é perfeita. O Sacramento da Eucaristia nos proporciona graças que devemos utilizar de modo a aumentar em nós a caridade e alcançar a vida eterna. A graça sacramental é o meio pelo qual operamos a obra da nossa salvação

---

46. *Postcommunio*, Quarta-feira de Páscoa.
47. Coleta, 3ª missa de Natal.

e santificação, a renovação cotidiana do nosso "homem interior" (2Cor 4,16). Por conseguinte, a Eucaristia nos purifica das manchas do pecado e nos conduz ao reino celestial"[48], fortalece-nos de maneira que, dia após dia, possa elevar nossa conduta ao nível da vida celeste" *(de die in diem ad caelestis vitae transfert actionem)*[49].

Por isso é que as graças sacramentais da Eucaristia fortalecem nossa fraqueza e nos ajudam a adquirir estabilidade na virtude. Por meio desse sacramento, Deus "dirige nossos corações vacilantes"[50], faz-nos capazes de refrear nossas paixões desregradas[51] e afasta de nós todo poder nocivo[52]. A Eucaristia nos defende, em especial, dos assaltos do demônio[53].

A Eucaristia nos auxilia de modo particular a evitar os enganadores atrativos do erro e nos torna firmes na fé: *ut errorum circumventione depulsa, fidei firmitatem consequamur*[54]. Fortifica-nos no amor do Nome de Jesus[55] e nos ensina a desprezar o que é terreno e a amar o que é celeste[56]. Não é de admirar, portanto, ser a Eucaristia o alimento que robustecia os mártires. Na verdade, segun-

---

48. *Postcommunio*. Quarta-feira da 4ª semana da Quaresma.

49. Secreta do domingo na oitava de Corpus Christi.

50. "Nutantia corda tu dirigas". Secreta da quarta-feira da 1ª semana da Quaresma.

51. "Continentiae promptioris tribuat effectum". Secreta da sexta-feira após a Quarta-feira de Cinzas.

52. *Postcommunio*. Sexta-feira da semana da Paixão.

53. Secreta do XV domingo depois de Pentecostes.

54. Coleta da Festa de São Justino, mártir (14 de abril).

55. "In tui Nominis amore roboremur" – Comum dos Mártires.

56. "Terrena despicere et amare caelestia" – tema frequente das orações litúrgicas.

do as palavras da liturgia, é "o sacrifício no qual todo martírio teve o seu princípio"[57].

Foi pelo martírio que Santo Inácio de Antioquia, São Policarpo, São Cipriano e outros procuraram consumar a sua vida eucarística e encontrar a Cristo. Esse fato é um dos testemunhos mais marcantes do poder da graça derramada sobre nós pelo Santíssimo Sacramento. Terminaremos este capítulo com as palavras com que São Cipriano define a importância da Eucaristia para aqueles que têm de enfrentar o martírio. Fala do dever do bispo de permanecer junto ao seu rebanho na hora da perseguição:

> Não é aos mortos e sim aos vivos que devemos dar a comunhão, para não deixarmos desarmados e nus aqueles que exortamos ao combate, mas que os fortaleçamos dando-lhes a proteção do Corpo e do Sangue de Cristo. E, uma vez que a Eucaristia tem por fim defender os que a recebem, devemos prover aqueles que desejamos ver seguros contra os ataques do adversário, com a proteção da Santa Comunhão. Pois, como haveremos de ensiná-los e animá-los a derramar seu sangue em testemunho do nome dele, se quando estiverem prestes a entrar na luta por Cristo, lhe negarmos o Sangue do Senhor? Ou como haveremos de prepará-los para beber o cálice do martírio se, em primeiro lugar, não os admitirmos a beber o Cálice do Senhor na Igreja? [...].[58]

Deveis saber e deveis crer, por certo, que o dia de perseguição já começou a desabar sobre nossas cabeças, e também o fim do mundo e o tempo do anticristo, de maneira que devemos, todos, nos manter prontos para o

---

57. Secreta da quinta-feira da 3ª Semana da Quaresma.
58. SÃO CIPRIANO. *Epístola Synodica ad Cornelium Papam*, P. L. 3, 865.

combate, e nenhum de nós deve pensar em outra coisa senão na glória da vida eterna e na coroa prometida aos que confessam o Nome do Senhor. Tampouco devemos pensar que o que vai suceder seja semelhante àquilo a que já estamos acostumados. Muito pior e mais selvagem é a luta que agora se apresenta a nós, e os soldados de Cristo devem preparar-se por meio da mais pura fé e de uma coragem indomável, recordando-se de que a razão por que bebem, diariamente, o cálice do Sangue de Cristo é a de poderem derramar o seu sangue por Cristo. É isso que significa ser encontrado em Cristo: imitar os ensinamentos e as ações de Cristo conforme as palavras do Apóstolo João: "Aquele que diz estar em Cristo deve caminhar como Cristo caminhou", e o Bem-aventurado Apóstolo Paulo nos exorta e ensina com estas palavras: Somos filhos. Se filhos de Deus, somos também herdeiros de Deus, coerdeiros com Cristo, contanto que soframos com ele de maneira a sermos, com ele, glorificados"[59].

---

59. *Epístola*, 56, P. L. 4, 350.

V

O Sacrum Convivium

1 Vinde ao banquete nupcial!

No evangelho, o Senhor compara frequentemente o Reino dos Céus a um banquete nupcial. "O Reino dos Céus é semelhante a um rei que celebrou a festa nupcial de seu filho" (Mt 22,2). Mas, nas parábolas da festa, há sempre dificuldade em conseguir reunir os convidados. O Rei envia seus servos dizendo-lhes: "Dizei aos convidados: Meu banquete está preparado, já estão mortas minhas reses e outros animais cevados; tudo está pronto. Vinde às núpcias". Os convidados, entretanto, não respondem ao convite. Não têm nenhum desejo de vir às bodas. Persiste o Rei em procurar convidados, a fim de que se encha a sala do banquete. Envia, ainda, um servo seu dizendo-lhe: "Sai imediatamente pelas praças e ruas da cidade e traze-me para cá os pobres, os aleijados, os cegos e os coxos [...]. Sai pelas estradas e os trilhos, concita-os a vir, para que se encha minha casa" (Lc 14,21.23).

Embora essas parábolas não se refiram diretamente à Eucaristia, têm uma relação precisa com o Mistério. Pois o banquete eucarístico é o próprio coração e centro da vida cristã que há de culminar no banquete do céu. Ora, devemos ter em mente que um banquete não será realmente banquete se estão presentes apenas uma ou duas pessoas. Uma festa é ocasião de alegria para *muitas* pessoas. Além disso, é próprio de uma festa atrair as pessoas de maneira que tudo abandonem para participar das alegrias que ali se encontram. Festejar juntos é dar testemunho da alegria que se sente em estar reunido aos amigos. O simples ato de comer juntos, mesmo fora de um banquete ou qualquer outra ocasião festiva, é por sua própria natureza um sinal de amizade e "comunhão".

No tempo em que vivemos, perdemos de vista o fato de que até as ações mais ordinárias de nossa vida cotidiana estão revestidas, por sua própria natureza, de um sentido espiritual. A mesa é, em certo sentido, o centro da vida de família, a expressão da vida de família. Aí é que os filhos se reúnem aos pais para juntos, comerem o alimento que o amor dos pais lhes proporcionou. À mesa, os filhos partilham, com gratidão, dos labores e sacrifícios dos pais. A refeição em comum é abençoada pelo pai e animada pela conversação de toda a família. Nesse ato comunitário, a família inteira se reconhece a si mesma como família, toma consciência da sua própria existência, dignidade e vitalidade. A refeição de uma família cristã não é tanto uma simples satisfação das necessidades do corpo, quanto a celebração de um mistério de caridade, o mistério do lar cristão. Esse mistério já é, em si, muito profundo, pois o próprio Cristo está presente na união do esposo e da esposa, e nos filhos dessa união santificada pelo sacramento. É Cristo que alimenta os que estão presentes e lhes dá todas as outras bênçãos, sem as quais a vida seria impossível ou, pelo menos, miserável.

Assim também ocorre com um banquete. A palavra latina *convivium* encerra mais desse mistério do que nossos termos "banquete" ou "festa". Chamar uma festa *"conviviam"* é chamá-la "um mistério de participação da vida" – um mistério em que os convidados participam das coisas boas preparadas e a eles oferecidas pelo amor do amigo que os recebe em sua casa, e no qual a atmosfera de amizade e gratidão se expande numa comunhão de pensamentos e sentimentos que termina em regozijo geral. Na perspectiva das antigas religiões, bem como na da caridade cristã, o hóspede é considerado como um enviado de Deus, um anjo em disfarce. O dono da casa é, por sua vez, a imagem de Deus Pai. Na tradição cristã, os hóspedes e aqueles que os recebem são um sinal do regozijo do "Único Cristo amando-se a si próprio".

Em nossos dias, em que o individualismo do século XIX burguês levou a corrupção ao ponto de enveredar pelo caminho da imersão totalitária do indivíduo nas massas, essa consciência natural sadia do *convivium* – o partilhar de uma vida e interesse comuns – de um pequeno grupo verdadeiramente unido por simpatia espontânea e instintiva, cedeu lugar ao vasto e amorfo anonimato dos encontros em massa. O respeito pela vida em comum em que diversas pessoas se unem para oferecer juntas as várias contribuições individuais às alegrias, tristezas e responsabilidades comuns a todos foi substituído pela necessidade servil de uma sociedade de tipo "massa", em que um homem impõe com violência a toda a coletividade suas próprias ideias e opiniões. A única contribuição que se pede aos homens é a conformidade servil e os aplausos. A sociedade totalitária dissolve, sistematicamente os sólidos vínculos que unem os homens em suas unidades sociais básicas – as famílias e as comunidades paroquiais – de maneira a arrancar a pessoa às raízes humanas espontâneas que a prendem e transplantá-la a outros meios organizados, a fim de tudo centrar sobre o culto da totalidade e suas aspirações, encarnadas no chefe. Faz-se pressão, sob todas as formas, sobre o indivíduo, para despojá-lo de sua verdadeira personalidade e dos laços que legitimamente o prendem ao meio social normal. O homem é, em virtude desse sistema, obrigado a desconfiar, e temer os seus semelhantes e a deslocar a confiança que tem naqueles que com ele convivem – isto é, de pessoas concretas, de carne e osso – ao chefe que nunca vê ou ouve de perto, mas somente na tela cinematográfica ou pelo rádio. O amor é destruído e substituído pelo fanatismo. O que é verdade dos estados totalitários, o é em grau menor, mas contudo real, das grandes democracias capitalistas, em que se empregam os mesmos processos, embora mais lentamente, menos sistematicamente, mas nem por isso menos seguramente, sob a pressão de uma tecnocracia materialista sempre crescente.

Em tempos como o nosso, por conseguinte, é da maior importância nos recordarmos de que a Eucaristia é um *convivium,* um banquete sagrado. É uma festa em que a Família cristã, a Igreja, se alegra e rejubila reunida em torno da mesa comum com os apóstolos, os santos todos e todos os fiéis. Não é, de um lado, um encontro puramente individual nem puramente subjetivo com Deus, nem tampouco uma reunião em massa, uma espécie de enorme certame religioso em que a totalidade dos fiéis não tem consciência de outra coisa senão da sua própria totalidade.

A comunhão é um *sacram convivium.* É um banquete em que os fiéis não só gozam, pessoalmente, dos benefícios espirituais e das satisfações da união com Cristo eucarístico, mas tomam igualmente consciência da sua comum participação na vida divina. A alegria haurida na comunhão é algo que partilhamos uns com os outros. Esse partilhar não é apenas psicológico; é um dos frutos espirituais objetivos desse sacramento. A Eucaristia é o sacramento da caridade, o *sacramentum unitatis,* o sacramento de nossa união com Cristo. É necessário possuir a consciência dessa união, dessa participação da vida de Cristo, para que a Eucaristia possa preencher sua função como sacrifício perfeito de louvor para a honra e glória de Deus.

Ouçamos a voz da Igreja. O Concílio de Trento nos diz que o Sacramento da Eucaristia, em que Jesus deixou à sua Igreja a plenitude do seu amor pelos homens, é, não apenas o alimento espiritual com que somos fortalecidos e purificados do pecado, não só o Sacramento pelo qual vivemos da própria vida de Cristo, não somente um penhor de glória futura, mas também um "símbolo daquele Corpo do Senhor do qual Ele é a Cabeça e ao qual quer que estejamos unidos como membros, pelos vínculos estreitíssimos da fé, da esperança e da caridade, de maneira que possamos, todos, "falar a mesma linguagem e que não haja divisões entre nós" (cf. 1Cor 1,10)[60].

Nas palavras de Santo Tomás de Aquino, a *res sacramenti,* ou a realidade espiritual significada e efetuada pela Santa Eucaristia, é a união dos fiéis na caridade. *Res huius sacramenti est unitas corporis mystici sine qua non potest esse salus*[61]. Receber sacramentalmente o Corpo de Cristo exige, para que os principais efeitos sejam

---

60. Sessão XIII, cap. 2, D. B. 875.
61. *Summa Theologica,* III, Q. 73, a. 3.

alcançados, que estejamos, por meio de nossa comunhão ao Verbo Encarnado, unidos ao Cristo Místico, à Igreja. Seria de pouco valor para alguém estar unido à Cabeça do Corpo Místico, se não estivesse, por esse mesmo fato, também unido aos demais membros. Não há *vita* sem o *convivium*. O cristianismo não é somente *contato com* Cristo mas *incorporação* no Cristo total.

Na Eucaristia, Jesus nos deu o único meio de preenchermos de maneira perfeitamente satisfatória o grande preceito que nos legou na hora em que instituiu o sacramento. "Dou-vos um novo mandamento, que vos ameis uns aos outros assim como eu vos amei, para que também vos ameis mutuamente" (Jo 13,34). Pois, na Santa Eucaristia, deu-nos Jesus a expressão suprema daquele amor com que nos amou. O amor com que é, Ele próprio, amado pelo Pai e com o qual nos devemos amar uns aos outros.

O "mandamento novo" é o resumo e a coroa de toda a Escritura. Nessas três palavras: "amai-vos mutuamente" estão incluídos todos os outros ensinamentos do Antigo e do Novo Testamento, pois, como diz São Paulo, "a plenitude da Lei encontra a sua realização numa palavra: amarás o teu próximo como a ti mesmo" (Gl 5,14). E, ainda, "o amor é o cumprimento da Lei" (Rm 13,10), Mas Jesus completou o seu ensinamento dando-nos, no Santíssimo Sacramento, muito mais do que palavras jamais poderiam conter e transmitir: Ele próprio, seu amor, seu Espírito, comunicado às profundezas de nossa alma por sua Alma e Corpo. O fim, tanto do mandamento como do sacramento, é o mesmo: que, amando-nos uns aos outros, sejamos um como Cristo e o Pai são um (Jo 17,21-22).

Se bem que Jesus nos ame, seu amor por nós e seu desejo de união pessoal com nossas almas não e o fim do Sacramento da Eucaristia. O que, acima de tudo, é visado é a glória do Pai. A glória de Deus é o próprio Deus; nossa união na caridade de Cristo é a manifestação externa mais perfeita da glória oculta de Deus. Pois, pela caridade esquecida de si mesma, reproduzimos aqui na terra, no tempo, a "circumincessão" das três Pessoas divinas, cada uma inteiramente nas outras, que constitui, na eternidade, a glória e a alegria da Santíssima Trindade, pois é a alegria do próprio Deus. Por conseguinte, se queremos penetrar plenamente no Mistério da Eucaristia, devemos compreender e apreciar a "realidade" que vai além da Presença real de Cristo debaixo das espécies sacramentais e que é a razão última da Presença real.

2 A Eucaristia e a Igreja

Será impossível apreciar plenamente a Presença real enquanto não virmos a relação íntima que existe entre o Mistério da Eucaristia e o Mistério da Igreja. São duas realidades sagradas que se interpenetram totalmente para formar um todo; mistérios que, quando separados, escapam, completamente, à compreensão do nosso espírito. Pois jamais apreciaremos realmente a Eucaristia ou a Igreja se as concebermos como "dois Corpos de Cristo" inteiramente diversos. Em certo sentido, é de fato verdadeiro dizer-se que há somente um *Corpus Mysticum*. Há um Corpo que, pelas palavras da consagração, se torna substancialmente presente. É o Corpo de Cristo, com o qual, unidos pela comunhão, formamos uma só Pessoa mística. A Eucaristia, que prolonga entre nós a Encarnação, é sinal e causa do Corpo Místico que Cristo uniu a si. O mais antigo comentário sobre a missa que data do século IX explica concisamente as palavras da epiclesie: "Que se torne para nós o Corpo e o Sangue do Vosso Filho bem-amado". Dizer que essas palavras indicam não só a transubstanciação do pão e do vinho, mas também a nossa incorporação a Cristo, significa: *que nos tornemos o seu Corpo,* e que ele nos conceda divinamente no mistério da graça divina, o Pão que desceu do céu"[62].

Essas palavras recordam a expressão de Santo Agostinho na sua exegese do capítulo 6º de São João: "Os fiéis conhecem o Corpo de Cristo se não descuidam de se tornarem o Corpo de Cristo"[63].

Na liturgia, ouvimos ainda essa verdade na secreta da missa de *Corpus Christi*:

> Senhor, nós Vos suplicamos, concedei benignamente à vossa Igreja os dons da união e da paz, que misticamente estão representados nestas oferendas.

Desde que essa oração é dita no fim do Ofertório, refere-se provavelmente ao ensinamento dos Padres da Igreja, representado por Santo Agostinho, que declara:

> Nosso Senhor adequadamente nos deu seu Corpo e seu Sangue debaixo das espécies de coisas que, de muitas, se tornam uma só. Pois o pão é um, embora feito de muitos grãos, e o vinho é um, embora fabricado com muitas uvas[64].

---

62. "Ut nobis corpus et sanguis fiat dilectissimi Filii": id est ut nos efficiamur corpus eius, et nobis divinitus tradat in mysterio divinae gratiae panem qui de caelo descendit. Citado por DE LUBAC. *Corpus Mysticum*, p. 33. Cf. P.L. 138: 1180.

63. Cf. acima, p. 42.

64. *Tractatus 26 in Ioannem*, P. L. 35: 1614, citado por SANTO TOMÁS. *Summa Theologica* III, Q. 69, a. 1.

Daí a própria natureza do pão e do vinho proclamarem a finalidade do *sacramentum unitatis*. Contudo, é claro que o simples fato de ser o pão feito de muitos grãos e o vinho de muitas uvas em nada contribui, por si mesmo, para efetuar a nossa união. É apenas um aspecto da pedagogia do sacramento. O que efetua a nossa mútua união mística e o comer sacramentalmente o verdadeiro Corpo de Cristo. Por conseguinte, o sinal sacramental da unidade do Corpo Místico não deve ser procurado nas espécies do pão e do vinho. Em relação à unidade da Igreja, as espécies sacramentais são apenas símbolos no sentido comum, não, porém, sinais *eficazes*. *O sinal de nossa união, em Cristo, é a união do próprio Corpo de Cristo tornado presente a cada vez e em cada lugar em que as espécies são consagradas e recebidas na comunhão.* Portanto, como modernos teólogos o têm indicado, "Cristo é um sinal de Cristo... o único Homem Cristo é sinal de Cristo no qual a multidão dos eleitos está incorporada"[65].

São João Crisóstomo escreveu um trecho notável em que fez sobressair a íntima relação existente entre a Eucaristia Corpo de Cristo e o Corpo Místico que é a Igreja. Falando dos vasos preciosos do altar e de outros objetos litúrgicos com os quais cercamos o Santíssimo Sacramento para honrá-lo, esse Padre oriental fez notar que era ainda de maior importância honrar o Corpo de Cristo dando esmolas aos pobres. Dessa maneira estamos, não só fazendo bem a Ele na pessoa dos pobres, mas fazemos de nossas almas vasos sagrados de ouro que lhe dão muita glória. Essa tese mais tarde encon-

---

65. Cf. de la Taille, *Mystère de Foi*, citado por A.M. Roguet, O.P., em *La Maison Dieu*, 24. "L'Unité dans la Charité – Res de l'Eucharistie", p. 27.

traria em São Bernardo de Claraval ardoroso defensor. Assim escreve São João Crisóstomo:

> Se queres honrar a Vítima Eucarística, oferece tua alma para a qual a Vítima foi imolada. Faze tua alma toda de ouro. Se tua alma permanece mais vil que o chumbo ou o barro, de que adianta ter um cálice de ouro? [...].
>
> Desejas honrar o Corpo de Cristo? Não o desprezes quando o vires em trapos. Após o haveres honrado na igreja com vestes de seda, não o deixes morrer de frio do lado de fora por falta de vestuário. Pois é o mesmo Jesus quem diz: "Isto é o meu Corpo" e ainda: "Tive fome e não me deste de comer – aquilo que recusaste ao menor dentre esses meus pequenos, a mim recusaste". O Corpo de Cristo na Eucaristia exige almas puras, não roupas custosas. Nos pobres, porém, ele pede todos os nossos cuidados. Devemos agir sensatamente; honremos a Cristo como ele deseja ser honrado: a honra mais agradável àquele que queremos honrar é a honra que ele deseja receber, não a que nós imaginamos. Pedro acreditou honrar ao Mestre não permitindo que lhe lavasse os pés; entretanto sucedia exatamente o contrário. Dá-lhe, pois, a honra que ele pede, dando aos pobres o teu dinheiro. Mais uma vez digo, o que Deus quer não são cálices de ouro mas almas de ouro"[66].

Encontramos em Santo Tomás um claríssimo resumo desse ensinamento. Na *Summa Theologica,* diz-nos o santo Doutor que a Eucaristia é a "consumação da vida espiritual e o fim de todos os outros sacramentos"[67], desde que todos os sacramentos apenas nos preparam para

---
66. SÃO JOÃO CRISÓSTOMO. Homilia 50 sobre São Mateus, 3.
67. III, Q. 73, a. 2.

receber a Eucaristia. Quer isso dizer que nos levam à realidade sagrada que só a Eucaristia pode em nós efetuar; perfeita caridade, união consumada em Cristo. Dizer que todos os sacramentos culminam na Eucaristia não é dizer, apenas, que são ritos que servem como preliminares ao principal grande rito, o mistério do culto. Significa, sobretudo, que os outros sacramentos nos dão *alguma parte* na caridade de Cristo para preencher certas necessidades especiais de nossas almas ou das almas dos outros; a Eucaristia, porém, nos dá a *plenitude* da caridade de Jesus, nos incorpora de maneira perfeita ao seu Corpo Místico que vive pela caridade, capacitando-nos, assim, não só a receber a caridade diretamente de Cristo, nossa Cabeça mística, mas a nos regozijarmos na corrente vitalizante que flui, por todo o organismo, de um membro para o outro"[68].

Daí ser a Eucaristia, no mais estrito sentido, o *sacramentum pietatis,* o "sacramento da caridade". Pois, enquanto no Batismo o homem é regenerado pela Paixão de Cristo, na Eucaristia torna-se a sua caridade perfeita, pela participação sacramental na caridade de Cristo. Pela Eucaristia, "o homem é aperfeiçoado pela união a Cristo na Cruz" – *homo perficitur in unione ad Christum passam*[69].

Portanto, na Santa Comunhão, não somos nós que transformamos o Corpo de Cristo em nós mesmos, como ocorre com o alimento comum. Ao contrário, Jesus é que nos assimila a Si e nos transforma nele. Mas como? Pela incorporação, pela caridade, no seu Corpo Místico. En-

---

68. III, Q. 73, a. 4.
69. III, Q. 73, a. 3 ad 3.

quanto "comemos", debaixo das espécies sacramentais, a substância do corpo real e verdadeiro de Cristo, somos nós próprios comidos e absorvidos pelo Corpo Místico de Cristo. Tornamo-nos, por assim dizer, perfeitamente, parte integrante desse Corpo, por ele assimilados, um só com o seu organismo espiritual[70].

É isso, por conseguinte, o que Santo Agostinho queria significar quando exclamava: *O sacramentam pietatis*: "Ó sacramento de amor, ó sinal de união, ó vínculo de caridade! Quem deseja ter vida aqui encontra, em realidade, uma vida *na* qual viver e *pela* qual viver". E, acrescenta o santo: "Quando os homens se alimentam, o que desejam é não ter fome nem sede. Esse efeito, contudo, não se consegue senão pelo alimento e pela bebida que tornam imortais e incorruptíveis aqueles que os consomem, e esse alimento é a companhia dos santos, onde haverá paz e união plena e perfeita"[71]. O "sagrado banquete" é, portanto, o banquete da caridade, da união fraterna em Cristo. Nele partilhamos uns com os outros do amor de Cristo, de maneira que os fortes ajudam os fracos a encontrar Cristo, e os fracos, por sua vez, dão aos fortes a oportunidade de amar mais a Jesus, amando-o em seus membros. Sem essas perspectivas, não podem nossas comunhões atingir a plenitude e a alegria que Cristo deseja que possuam. Enquanto nosso amor a Jesus no sacramento do seu amor for apenas amor pela Cabeça do Corpo Místico, sem afeição cálida e sincera pelos membros, sem interesse pelas necessidades espirituais e físicas de nossos irmãos, nossa vida espiritual há de permanecer incompleta e mutilada.

---

70. Ibid., ad 2.
71. *Tractatus 26 in Ioannem*, P. L. 35: 1613, 1614.

3 "Chamei-vos meus amigos"

Ninguém que leia com cuidado as palavras de Jesus na Última Ceia pode deixar de ficar vivamente impressionado pelo amor de predileção que dedicava aos apóstolos por Ele escolhidos. Ama a cada um individualmente, ama-os como um grupo. São "os seus" que amou "até o fim" (Jo 13,1). Lava-lhes os pés não só como expressão da sua humildade, mas também, e acima de tudo, porque se não forem "lavados" com a humilde caridade dele, não poderão ter parte com Ele (Jo 13,8). Senta-se em seguida o Senhor à mesa e, ao preparar-se para partir pela primeira vez o Pão Eucarístico que é o seu próprio Corpo, diz-lhes, solenemente, a grande importância que há em que se amem uns aos outros como Ele os amou. Esse é, na realidade, o seu grande mandamento, que resume todos os seus ensinamentos e contém a expressão plena da vontade do Pai para nós: que sejamos *um com Ele*. "Por este sinal todos conhecerão que sois meus discípulos: Se vos amardes uns aos outros" (Jo 13,35). "Se observardes meus mandamentos, permanecereis no meu amor, do mesmo modo que eu permaneço no amor de meu Pai, porque observei seus mandamentos [...]. Este é meu mandamento: que vos ameis uns aos outros, assim como eu vos amei" (Jo 15,10-12).

Assim, pois, Jesus retoca com alguns traços finais a formação de seus apóstolos – tarefa que se tornara a preocupação máxima do último ano de sua vida pública. Não pode o padre encontrar manual de mais pura e completa espiritualidade sacerdotal do que esse sermão de nosso Senhor na Última Ceia. Contém tudo que Cristo desejava, com o maior e mais intenso fervor, para os sacerdotes que ordenou naquela noite, no Cenáculo.

Todo o programa da vida sacerdotal exposto aqui por Jesus se resume nas duas ideias seguintes: amai-me como eu amei ao Pai – amai-vos uns aos outros como eu vos amei. Ambas podem ser reduzidas a uma só: *Permanecei no meu amor* (Jo 15,9).

De fato, é verdade que esse é o testamento de caridade que Jesus o legou a toda a Igreja. Deixou-o, porém, de maneira mais especial aos sacerdotes, cuja vida inteira é vida de caridade eucarística, de união com Cristo e de uns com os outros em Cristo.

A vida de todo homem é um mistério de solidão e de comunhão: solidão no recesso secreto da alma onde se encontra só com Deus; comunhão com seus irmãos, que participam da mesma natureza, que reproduzem em si a solidão dele, que são os seus "outros eu", dele isolados e, contudo, um com Ele. No plano natural, a vida do homem é mais solidão do que comunhão. Teme o homem a solidão, mas a sociedade em que procura refúgio contra sua vida solitária não o protege adequadamente da sua própria insuficiência.

Com a vinda de Cristo, a solidão do homem se fez mais perfeita e mais pura no sentido de que o homem se tornou, com maior realidade, uma pessoa. Isso porém, em virtude da sua união mais profunda com outros homens, na caridade de Cristo.

No coração do sacerdote, esse mistério de solidão e comunhão alcança profundezas ainda maiores.

Ninguém jamais esteve tão terrivelmente só como Jesus, em meio aos homens que viera salvar. Não podiam compreendê-lo e, com o andar do tempo, cada vez o compreendiam menos. O povo escolhido, a quem fora

Ele enviado, rejeitou-o – e fê-lo por intermédio dos sacerdotes e doutores da Lei, aqueles, justamente, que deveriam tê-lo reconhecido e recebido. Os apóstolos, que o amavam, não conseguiam, todavia, penetrar-lhe a doutrina, e, por fim, fugiram abandonando-o e deixando-o morrer só.

Todo padre participa, em certa medida, da solidão do Coração sacerdotal de Jesus. Isolado dos outros homens pelo caráter sacerdotal e pelo alto nível de sua vida consagrada, ao sacerdote jamais é permitido esquecer-se de que, para ele, não há, falando rigorosamente, neste mundo, consolação profunda e durável, de molde puramente humano e natural. Pode, na realidade, ter amizades e nelas se alegrar; sabe muito bem, contudo, que se essas não forem espirituais e, portanto, em certo sentido, marcadas com o sinal da cruz, servirão apenas para acentuar a sua solidão e amargurar seu pobre coração.

Ao mesmo tempo, o sacerdote goza de autoridade espiritual particular sobre a sua grei e, humanamente falando, poderá sentir-se tentado a encontrar nisso uma consolação natural contra a solidão de seu coração. Nesse caso, gosta de estar "só" no exercício de sua autoridade. Quer ser o *único* pai das almas que lhe foram confiadas. Quer que não se esqueçam de que ele, e só ele, é o pastor. Poderá, então, sentir-se tentado a desejar, para si só, as consolações e recompensas do seu ministério sacerdotal.

Jesus Cristo Nosso Senhor determinou que a vida sacerdotal fosse uma unidade eucarística em todos os seus aspectos. Nunca é o ministro, o indivíduo, o que é importante, mas sim o próprio Cristo, o Único Sacerdote, que utiliza cada sacerdote como instrumento seu, na salvação das almas. Portanto, Cristo não quer que os seus padres sejam homens ambiciosos, em busca de glória e reconhecimento para com suas pessoas e seu trabalho, declarando, como os fariseus: "Não sou como o resto dos homens – não sou como os outros padres!"

Logo, um aspecto essencial da vida eucarística do sacerdote é sua união, na caridade sacerdotal, com todos os outros Cristos com os quais ele é um, no grande Sumo Sacerdote.

Jesus reuniu seus apóstolos em um grupo íntimo que o cercava em todos os acontecimentos de sua vida pública. Cada um era, não só um amigo muito amado do Senhor que nele confiava, mas deviam ainda, todos, formar um círculo de amigos, de irmãos amando-se mutuamente porque eram todos amados por Ele. Esse plano não se realizou com perfeição. Contam-nos os evangelhos diversas ocorrências em que prevalecem a inveja e a rivalidade entre eles, severamente reprovadas por Jesus. Isso nos ensina duas coisas: que embora os sacerdotes tenham de permanecer sempre tão humanos quanto o foram os próprios apóstolos e sujeitos às mesmas fragilidades humanas, a vontade de Cristo em relação a eles permanece, igualmente, a mesma. Repete-nos incessantemente a mesma lição de humildade e união fraterna. Se não aprendermos essa lição, não nos podemos manter de modo perfeito no amor de Jesus. Se não permanecermos no seu amor, a glória do Pai não poderá manifestar-se com perfeição em nossa vida (Jo 15,1-8).

Nós, que fomos escolhidos por Cristo para a mais sublime de todas as vocações, devemos sempre ter em mente o fato de que, em realidade, há um Único Sacerdote – Jesus Cristo. Cada um de nós é apenas um instrumento, um ministro do sacerdócio de Cristo. Cada um de nós é, evidentemente, um outro Cristo: mas, todos juntos, nos unimos para formar um "Cristo", um sacerdote ungido, e é este "Único Sacerdote" que, na verdade, dá glória ao Pai por seu sacrifício de adoração e louvor. Devemos ter grande cuidado em purificar nossos corações de concepções humanas e inconscientemente pagãs sobre o sacerdócio, como se este fora algo que pudéssemos adquirir, em nosso proveito, por meio de alguma virtude nossa especial ou algum poder que possuíssemos. Nosso sacerdócio não é um poder que nos tivesse sido dado para nós mesmos, resultado de longa e esotérica preparação e iniciação. É, antes, a admissão de cada um de nós a uma mística participação do sacerdócio de Cristo. Somos padres, não para nós próprios mas para Ele. Portanto, somos padres uns para os outros, também. Logo, deveria haver sempre a mais perfeita harmonia e união entre nós. Deveríamos amar-nos mutuamente, obedecer-nos mutuamente quando a ocasião o permitisse ou exigisse, ceder humildemente um ao outro, respeitar-nos mutuamente com profundo e sobrenatural respeito. Deveríamos, ainda, tentar, tanto quanto possível, purificar nossos corações até mesmo daquelas invejas, ciúmes e ressentimentos inconscientes e ocultos que se podem insinuar em nossa vida, debaixo da aparência da cordialidade e da boa vontade fraternal, com que mantemos a aparência da cooperação amistosa.

Tudo isso exige de nós grandes sacrifícios, sacrifícios mais difíceis do que muitos dos que abraçamos de boa vontade em nosso trabalho pela salvação das almas. Mas também há de trazer consigo grandes e sobrenaturais consolações. Trará novas forças em Cristo, um novo senso da união e da finalidade da nossa vocação, uma consciência mais aguda do poder de Cristo vivo e operante na sua Igreja.

Por todos esses motivos, nossa meditação diante do Santíssimo Sacramento, nossos momentos de recolhimento depois da missa, nossa recitação do Ofício divino e, acima de tudo, a nossa missa cotidiana, deveriam estar impregnados desse espírito de caridade sacerdotal, esse senso de união com nossos irmãos no sacerdócio em toda parte, de verdadeira submissão aos nossos superiores e de total abandono de nós mesmos à vontade de Cristo, nosso Sumo Sacerdote.

Isso significa, é claro, a maior constância na autorrenúncia, o que é impossível sem fé profunda, até mesmo heroica, no Cristo eucarístico.

4 O mandamento novo

Se amamos o Santíssimo Sacramento e se nos comprazemos em passar o nosso tempo na adoração desse formidável mistério de amor, não podemos deixar de procurar aprofundar cada vez mais a caridade de Cristo. Não podemos tampouco deixar de chegar a um conhecimento íntimo e pessoal de Jesus oculto sob os véus sacramentais. Entretanto, à medida que crescemos no conhecimento e no amor dele, necessariamente aumentará o nosso conhecimento do amor que Ele tem por nós. Chegaremos a compreender cada vez melhor com que seriedade Jesus quer que tomemos o seu "mandamento novo" de nos amarmos uns aos outros como Ele nos amou.

Na verdade, se deixarmos de levar a sério esse mandamento e se nossa vida de devoção se achar concentrada nos desejos egoístas de experimentarmos sentimentos piedosos, que nos fecham sobre nós mesmos e nos comprimem o coração, tornando-nos insensíveis aos demais, ou mesmo fazendo-nos desprezá-los, podemos estar certos de que nossa devoção é uma ilusão. Não conhecemos a Cristo porque não cumprimos a sua palavra. Pois Ele só se manifesta aos que lhe fazem a vontade. Ora, Jesus quer vir a nós nesse sacramento do seu amor, não apenas para nos consolar individualmente, mas para que possamos dar-lhe nossos corações e deixá-lo habitar neles, de maneira que, por nosso intermédio, possa Ele amar nossos irmãos com o nosso amor.

Desde que a vontade do Pai, o plano salvífico de Deus, culmina na ressurreição e glorificação de todo o Corpo Místico, claro está que o Santíssimo Sacramento nos é dado antes de tudo, para que possamos tornar-nos individualmente perfeitos na caridade e, em seguida, para que a nossa caridade se possa comunicar como uma energia espiritual vivificadora a outras almas em toda a Igreja. Não espera Cristo que tenhamos atingido a perfeição do amor, para fazer frutificar nosso amor na vida de outros. É amando os outros que crescemos no amor dele e amando a Ele, em especial penetrando profundamente no Mistério da Cruz e da Eucaristia, é que crescemos em capacidade para amar a outros.

Daí ser o sagrado banquete da Eucaristia não só a expressão do crescimento espiritual e da alegria de indivíduos, mas também da vitalidade de toda a Igreja. É em volta da mesa em que Cristo parte novamente o pão para seus discípulos que os filhos da Igreja crescem em idade e graça diante de Deus e dos homens, atingindo a plena madureza de Cristo.

Santo Tomás, ao comentar alguns dos grandiosos trechos de São Paulo sobre a unidade do Corpo Místico (por exemplo, 1Cor 10,17 e Ef 4,15-16), faz a distinção entre os diferentes aspectos de nossa união em Cristo. Somos um com Cristo pela fé que nos incorpora nele, pela esperança e pela caridade que nele nos fazem crescer. Além e acima disso, somos um com Ele numa união de vida e pensamento *(vitae et sensus)* que se manifesta nas obras de caridade com que nos ajudamos mutuamente, e pelo assentimento no que se refere às verdades da fé e da moral. Por fim, a mais íntima união entre nós é a que é marcada pela ação particular de cada um de acordo com a sua vocação em Cristo.

Cada um de nós é chamado a desempenhar papel especial (ainda que seja esse oculto e sem importância) na edificação do Corpo de Cristo. As ações sobrenaturais com que realizamos as tarefas a nós confiadas nos ligam cada vez mais estreitamente aos outros membros do corpo, numa fraternal cooperação. Esses atos procedem da moção oculta de Cristo em nossas almas – da atuação de graças especiais, graças de estado, próprias à nossa vocação particular e individual na Igreja.

É de notar que a moção dessas graças especiais, pelas quais cumprimos nosso dever de estado e realizamos nossos trabalhos para Cristo, está orientada, não em direção ao nosso bem privado e particular, mas dirige-se ao bem de todos – isto é, à caridade e a Deus. Entretanto, são essas moções da graça que, precisamente, nos capacitam, ao mesmo tempo, a realizar mais perfeitamente o nosso destino próprio e pessoal. Tornamo-nos verdadeiramente nós mesmos vivendo para os outros em Cristo. Vivendo para Cristo e sua Igreja estamos, ao mesmo tempo, vivendo para os outros e para nós. O bem mais elevado é o próprio Cristo, vivendo em cada um e em todos nós e atuando sobre todos, a fim de produzir uma comum caridade em todos os nossos corações pelas moções do Espírito Santo, que nos liga cada vez mais perfeitamente uns aos outros em Cristo. Essa caridade flui em nossas almas sobretudo através da Eucaristia. É o efeito de nossos contatos sacramentais com o Sagrado Corpo de Cristo, o fruto de nossa união com sua santíssima alma e com a divindade do Logos nesse Sacramento, de todos o maior.

Comenta São Boaventura:

> Do mesmo modo que Deus cuida dos corpos de todos os viventes, fornecendo-lhes alimentos convenientes, assim também cuida do nobilíssimo Corpo de seu Filho que é a Igreja, que tem por Cabeça Cristo, Filho de Deus. Não pode esse Corpo viver e nutrir-se de outra fonte a não ser da Cabeça, de maneira que todos os membros, isto é, todos os homens justos, unidos e integrados juntos, em Cristo a Cabeça, devem ser nutridos pelo seu Espírito e seu Amor através desse sacramento da unidade e paz. E, assim como corpo algum pode viver sem se alimentar de comida que lhe convenha, do mesmo modo, não há vida para a alma racional se não comer e assimilar esse alimento espiritual que lhe é necessário. Daí Cristo dizer: Aquele que come da minha carne viverá por mim[72].

Em resumo, nesse sacramento Cristo vem a nós para dar remate à obra que o Pai lhe confiou. Vem para encher a nossa alma com aquela caridade que o levou a morrer por nós na Cruz. Vem para habitar em nossos

---
72. *De Praeparatione ad Missam*, 1, 13.

corações e conduzir-nos ao fim precioso ao qual tende toda atividade humana bem ordenada: o amor de Deus e o amor do próximo. Se quisermos corresponder ao seu amor, se quisermos deixar que esse divino sacramento purifique os nossos corações de todo apego às coisas mundanas, Ele mesmo nos fará mais fortes e mais resolutos para amá-lo. Ele nos ensinará a compreender não só o seu amor por nós, mas também o amor dele por nosso próximo; a penetrar, pela humildade e a compaixão que se esquece de si, nas profundezas do coração de nosso irmão; e ainda, que não basta suportar as fragilidades e os pecados dos outros, devemos amá-los até à morte e morte de cruz. Desde que Cristo veio para morrer por nós, quando éramos todos inimigos seus, não temos mais pretexto para, voluntariamente, odiar homem algum. Assim como Cristo veio para vencer o mal com o bem, da mesma maneira nós, nutridos por esse sacramento, haveremos de aprender que a caridade de Cristo é bastante forte para ir ao encontro até dos nossos inimigos e dos dele, e abraçá-los; bastante forte para vencê-los e transformá-los em amigos.

5 Rumo à parusia

Enquanto estamos neste mundo, nossa vida em Cristo permanece oculta. Oculta também está a realidade de Cristo na Eucaristia e na Igreja. A presença dele, frequentemente negada ou ridicularizada pela razão, só se torna evidente pela fé. Nossas meditações sobre o Santíssimo Sacramento, entretanto, ficariam incompletas se não nos lembrássemos de que essa é apenas uma condição transitória. Aquele que permanece oculto declarou-nos que há de se manifestar. Conhecer a Cristo pela fé, estar unido a Ele de maneira oculta, não constituem o fim da nossa jornada; são apenas o início. Esperamos a vinda de Cristo. Somos aqueles que, como diz São Paulo, "amamos o seu advento" (2Tm 4,8). Isso quer dizer que nós, que o possuímos pela fé e pela fé lhe estamos unidos, antecipamos o dia em que o que se acha oculto será claramente revelado, e aquilo que é secreto tornar-se-á manifesto. Em uma palavra, vivemos na esperança de uma manifestação gloriosa do grande mistério de Cristo. Temos a esperança do "aparecimento" do Cristo total – a parusia.

Jesus declarou solenemente, quando o julgaram na presença do Sinédrio, que um dia haveriam de ver o Filho do Homem "assentado à direita do poder de Deus e vindo sobre as nuvens do céu" (Mt 26,64). A linguagem misteriosa, em figuras, com que os evangelhos sinóticos falam da segunda vinda de Cristo e do juízo final se aclara de certo modo com a elaboração teológica que recebe de São Paulo. Na mente do Apóstolo dos Gentios, a parusia e o Juízo final serão a clara manifestação de Cristo em seu Corpo, a Igreja. Em outras palavras, o Juízo final será a consumação final e a revelação do "Mistério" – o restabelecimento de todas as coisas em Cristo, que se está processando em segredo sob a superfície da história humana.

Existe certo falso misticismo que gosta de considerar com satisfação maldosa a perspectiva de um Juízo final em que a história da humanidade inteira cairá no olvido sob o anátema de um Deus enfurecido. O verdadeiro ponto de vista cristão, porém, é aquele que antecipa o Juízo final como o dia em que se há de patentear a justificação da história da humanidade. A parusia é o grande acontecimento que há de realizar plenamente a história humana; não destruí-la. Tudo que não estava claro será explicado, mostrando como todas as coisas concorreram para o bem de Cristo e realizaram o fim que o Pai tinha em vista. Veremos, então, como eram sábios os decretos providenciais de Deus, permitindo o que pareciam ser males incompreensíveis. Veremos como os juízos de Deus eram mais sábios e mais misericordiosos do que os juízos do homem, e sua sabedoria mais profunda do que a dos sábios e poderosos. A verdade toda será justificada, todos os valores reais serão reconhecidos e se farão ver como tais, seja onde for que possam ter existido.

Cristo nos preveniu de que não devíamos esperar da sua parusia a glorificação de todos os cidadãos "respeitáveis", que foram alvo das saudações na praça do mercado e ocuparam os primeiros lugares nos banquetes. De fato, muitos hão de vir do Oriente e do Ocidente e se sentarão no banquete celeste, enquanto aqueles que eram respeitáveis apenas exteriormente ouvirão Cristo dizer-lhes: "os publicanos e as meretrizes terão precedência sobre vós no Reino dos Céus" (Mt 21,31).

A parusia será, ao mesmo tempo, o juízo do bem e do mal e a manifestação do Cristo total. Os que foram realmente bons achar-se-ão na luz de Cristo e os que foram realmente maus achar-se-ão nas trevas sem Cristo, não importa quais tenham sido suas respectivas reputações perante os homens. A diferença entre uns e outros será, acima de tudo, a diferença na qualidade do seu amor. Amaram a Deus e aos homens, seus irmãos? Procuraram verdadeiramente o Bem? Buscaram a Deus? Se o fizeram, serão encontrados "em Cristo" e Cristo será neles revelado.

A parusia será, em realidade, a manifestação de Cristo em nós e a nossa nele. Será a realização das palavras do

Espírito Santo falando por São Paulo: "Quando Cristo, vossa vida, aparecer, então também vós aparecereis com Ele na glória" (Cl 3,4).

Dissemos no início deste livro ser a Eucaristia um sinal da consumação final. É apenas uma maneira diferente de dizer que na parusia a *res sacramenti* da Eucaristia será plenamente manifestada. O Corpo Místico de Cristo, do qual seu Corpo sacramental é o "sinal", será visto pelo que é. A relação interna existente entre os dois mistérios há de, por fim, se dissipar na luz da visão em que veremos como os dois "Corpos de Cristo" são, em realidade, um. Veremos como o Cristo sacramental é o centro vivo de seu Corpo Místico e como todos os que, pela participação na substância do seu Corpo estiveram unidos, são, na verdade, um só Corpo com Ele. Será isso o começo daquele sagrado banquete em que nossa alegria não estará mais oculta na treva da fé, nem emudecida pelos silêncios da esperança, mas há de prorromper fazendo ouvir o interminável canto de glória e vitória que é o *Alleluia* da Igreja triunfante.

Entretanto, em plena luta neste mundo, devemos ter consciência de que a presença da Eucaristia transformou a história do homem, pelo menos a dos eleitos, num *sacrum convivium.* Não há motivo para desesperar do homem ou da sociedade humana. O fato do mistério da iniquidade estar-se processando no mundo não autoriza o cristão a tomar uma atitude que importaria em condenação da sociedade humana como tal, como se ela estivesse irrevogavelmente perdida e que fosse chegada a hora dos gentios serem esmagados e pisados – por meio de feroz vingança – como uvas no lagar.

Nenhum cristão sincero pode encarar o Juízo final com a convicção complacente e autossatisfeita de que é "algum outro" que é perverso, e de que certas "outras pessoas" estão predestinadas a se encontrarem do lado dos bodes. Se somos membros de Cristo, devemos, então, viver como membros seus. Devemos nos assemelhar a Ele, que veio, não para condenar o homem em sua miséria e desordem, mas para o iluminar e salvar.

Nossa vida em Cristo exige, portanto, um apostolado plenamente eucarístico – uma ação enérgica e de larga visão, baseada na oração e união íntima com Deus, capaz de transcender as limitações provenientes de classe, nação e cultura, e de continuar a edificar um mundo novo sobre as ruínas daquilo que está continuamente caindo em decomposição.

Se o futuro nos aparece sombrio, não será, talvez, porque estejamos testemunhando a aurora de uma luz jamais até aqui contemplada? Vivemos numa época em que a caridade se pode tornar, como nunca dantes, heroica. Vivemos, possivelmente, no limiar da era mais eucarística deste mundo – a era que bem poderia ser testemunha da união final de toda a humanidade.

Se isso for verdade, estamos então na proximidade de formidável realização:

Essa realização, longe de ser estranha à espiritualidade eucarística, faz parte de sua própria essência. A missa e a comunhão não têm sentido se não nos lembramos de que a Eucaristia é o grande meio planejado por Deus para congregar e unir a humanidade dispersa pelo pecado original e pelo pecado atual. A Eucaristia é o sacramento da unidade; e a vida eucarística está, por sua própria natureza, orientada para um apostolado de caridade que há de efetuar uma união visível de toda a humanidade. União visível que será política? Será isso uma possibilidade que se possa esperar ou será uma das tentações da fase final do mundo? São perguntas a que não estou preparado para responder e o término de um livro não é, talvez, o lugar conveniente de as formular. O reino de Cristo "não é deste mundo", e é certamente exato que muitos dos que fingem trabalhar pela união política da humanidade são, ao mesmo tempo, inimigos implacáveis da Eucaristia, do sacerdócio e da Igreja. Talvez a última fase do mundo venha a ser "eucarística", no sentido de que seja a própria Igreja a que há de dar glória e louvor a Deus ao ser crucificada. Mas, nesse caso, outra coisa não fará senão o que fez, antes dela, o Redentor – abrirá os braços a toda a humanidade trazendo-lhe o bem da união e da vitória à custa da própria aparente derrota.

O homem que é capaz de dizer em verdade que antecipa com alegria e esperança a parusia do Filho de Deus, é aquele cuja vida eucarística frutifica na oração e no trabalho pela união de toda a humanidade em Cristo.

Ao nos esforçarmos para unir todos os homens na caridade, estamos, por assim dizer, preparando a Hóstia, feita de muitos grãos de trigo, para ser finalmente consagrada e transformada na glória de Cristo, no fim dos tempos. Para isso foi que Jesus orou ao Pai na Última Ceia (Jo 17,20-23):

> Não rogo somente por estes, mas também, por aqueles que, por meio de suas pregações, hão de crer em mim; para que todos sejam um, assim como vós, ó Pai, estais em mim e eu estou em vós; para que também eles sejam um em nós e assim o mundo acredite que me enviastes. Eu lhes dei

a glória que me destes, para que eles sejam um, assim como também nós somos um. Eu neles e vós em mim, para que todos sejam perfeitos na unidade e para que o mundo conheça que vós me enviastes e que vós os amastes, como também amastes a mim.

Série **Clássicos da Espiritualidade**

– *A nuvem do não saber*
Anônimo do século XIV
– *Tratado da oração e da meditação*
São Pedro de Alcântara
– *Da oração*
João Cassiano
– *Noite escura*
São João da Cruz
– *Relatos de um peregrino russo*
Anônimo do século XIX
– *O espelho das almas simples e aniquiladas e que permanecem somente na vontade e no desejo do Amor*
Marguerite Porete
– *Imitação de Cristo*
Tomás de Kempis
– *De diligendo Deo – "Deus há de ser amado"*
São Bernardo de Claraval
– *O meio divino – Ensaio de vida interior*
Pierre Teilhard de Chardin
– *Itinerário da mente para Deus*
São Boaventura
– *Teu coração deseja mais – Reflexões e orações*
Edith Stein
– *Cântico dos Cânticos*
Frei Luís de León
– *Livro da Vida*
Santa Teresa de Jesus
– *Castelo interior ou Moradas*
Santa Teresa de Jesus
– *Caminho de perfeição*
Santa Teresa de Jesus
– *Conselhos espirituais*
Mestre Eckhart
– *O livro da divina consolação*
Mestre Eckhart
– *A nobreza da alma humana e outros textos*
Mestre Eckhart
– *Carta a um religioso*
Simone Weil
– *De mãos vazias – A espiritualidade de Santa Teresinha do Menino Jesus*
Conrado de Meester
– *Revelações do amor divino*
Juliana de Norwich
– *A Igreja e o mundo sem Deus*
Thomas Merton
– *Filoteia*
São Francisco de Sales
– *A harpa de São Francisco*
Felix Timmermann
– *Tratado do amor de Deus*
São Francisco de Sales
– *Espera de Deus*
Simone Weil
– *Contemplação num mundo de ação*
Thomas Merton
– *Pensamentos desordenados sobre o amor de Deus*
Simone Weil
– *Aos meus irmãozinhos*
Charles de Foucauld
– *Revelações ou a luz fluente da divindade*
Matilde de Magdeburg
– *A sós com Deus*
Charles de Foucauld
– *Pequena filocalia*
Jean-Yves Leloup
– *Direção espiritual e meditação*
Thomas Merton
– *As sete palavras do Cristo na cruz*
São Roberto Belarmino
– *Tende o Senhor no coração*
Mestre de São Bartolo
– *O Pão Vivo*
Thomas Merton
– *O enraizamento*
Simone Weil
– *Na liberdade da solidão*
Thomas Merton
– *O sermão do Senhor na montanha*
Santo Agostinho

Conecte-se conosco:

- **f** facebook.com/editoravozes
- [instagram] @editoravozes
- [twitter] @editora_vozes
- [youtube] youtube.com/editoravozes
- [whatsapp] +55 24 2233-9033

www.vozes.com.br

Conheça nossas lojas:

www.livrariavozes.com.br

Belo Horizonte – Brasília – Campinas – Cuiabá – Curitiba
Fortaleza – Juiz de Fora – Petrópolis – Recife – São Paulo

EDITORA VOZES LTDA.
Rua Frei Luís, 100 – Centro – Cep 25689-900 – Petrópolis, RJ
Tel.: (24) 2233-9000 – E-mail: vendas@vozes.com.br